Was ist eigentlich …?

Reihe herausgegeben von

Tilo Strobach, Department of Psychology, Medical School Hamburg, Hamburg, Hamburg, Deutschland

Die Buchreihe „Was ist eigentlich …?" möchte den Leserinnen und Lesern einen ersten Einblick in die verschiedenen Disziplinen der Psychologie geben. Die Einteilung der Bände dieser Reihe orientiert sich dabei an den typischen Psychologiemodulen an deutschen Universitäten. Deshalb eignen sich die kompakten Bücher vor allem für Psychologiestudierende am Beginn des Studiums. Sie bieten aber auch für alle anderen, generell an psychologischen Themen Interessierten einen ersten, gut verständlichen Einblick in die psychologischen Disziplinen: Jeder Band stellt den Kern einer dieser Disziplinen vor. Des Weiteren werden prominente Fragestellungen und Diskurse der Vergangenheit und der Gegenwart vorgestellt. Außerdem wird ein Blick in die Zukunft und auf offene Fragen gerichtet.

Thomas Martens

Pädagogische Psychologie

Ein Überblick für Psychologiestudierende und -interessierte

Thomas Martens
Fakultät
Humanwissenschaften – Department
Psychologie
MSH Medical School
Hamburg – University of Applied
Sciences and Medical University
Hamburg, Deutschland

ISSN 2523-8744　　　　　　　ISSN 2523-8752　(electronic)
Was ist eigentlich …?
ISBN 978-3-662-69809-9　　　ISBN 978-3-662-69810-5　(eBook)
https://doi.org/10.1007/978-3-662-69810-5

Die Deutsche Nationalbibliothek verzeichnet diese Publikation in der Deutschen Nationalbibliografie; detaillierte bibliografische Daten sind im Internet über https://portal.dnb.de abrufbar.

© Der/die Herausgeber bzw. der/die Autor(en), exklusiv lizenziert an Springer-Verlag GmbH, DE, ein Teil von Springer Nature 2024

Das Werk einschließlich aller seiner Teile ist urheberrechtlich geschützt. Jede Verwertung, die nicht ausdrücklich vom Urheberrechtsgesetz zugelassen ist, bedarf der vorherigen Zustimmung des Verlags. Das gilt insbesondere für Vervielfältigungen, Bearbeitungen, Übersetzungen, Mikroverfilmungen und die Einspeicherung und Verarbeitung in elektronischen Systemen.
Die Wiedergabe von allgemein beschreibenden Bezeichnungen, Marken, Unternehmensnamen etc. in diesem Werk bedeutet nicht, dass diese frei durch jede Person benutzt werden dürfen. Die Berechtigung zur Benutzung unterliegt, auch ohne gesonderten Hinweis hierzu, den Regeln des Markenrechts. Die Rechte des/der jeweiligen Zeicheninhaber*in sind zu beachten.
Der Verlag, die Autor*innen und die Herausgeber*innen gehen davon aus, dass die Angaben und Informationen in diesem Werk zum Zeitpunkt der Veröffentlichung vollständig und korrekt sind. Weder der Verlag noch die Autor*innen oder die Herausgeber*innen übernehmen, ausdrücklich oder implizit, Gewähr für den Inhalt des Werkes, etwaige Fehler oder Äußerungen. Der Verlag bleibt im Hinblick auf geografische Zuordnungen und Gebietsbezeichnungen in veröffentlichten Karten und Institutionsadressen neutral.

Planung/Lektorat: Joachim Coch
Springer ist ein Imprint der eingetragenen Gesellschaft Springer-Verlag GmbH, DE und ist ein Teil von Springer Nature.
Die Anschrift der Gesellschaft ist: Heidelberger Platz 3, 14197 Berlin, Germany

Wenn Sie dieses Produkt entsorgen, geben Sie das Papier bitte zum Recycling.

Vorwort

„Was ist eigentlich Pädagogische Psychologie?"
Dieses Buch liefert eine leicht verständliche Einführung in die zentralen Gegenstandsbereiche der Pädagogischen Psychologie, die sich vor allem mit Lernprozessen in Bildungsumwelten befassen. Dabei soll gezeigt werden, dass Lernprozesse zunächst aus der Perspektive der lernenden Person verstanden werden können, aber auch gleichzeitig in spezifischen Lernumwelten stattfinden. In diesem Buch soll deshalb ein systematischer Perspektivenwechsel von ‚innen nach außen' vollzogen werden, der die wichtigsten Forschungs- und Entwicklungsfelder der Pädagogischen Psychologie exemplarisch beleuchtet.

Dabei muss die Auswahl an berichteten Theorien und Forschungsbefunden subjektiv und auch lückenhaft bleiben, damit das Hauptziel einer einfachen und kurzen Einführung in die Pädagogische Psychologie erreicht werden kann. Deshalb gibt es zu vielen Themengebieten weiterführende Literaturempfehlungen oder Links. Eine Übersicht der weiterführenden Links zu diesem Buch findet sich unter https://pp22.de/links und auch am Ende dieses Buches. Die meisten dieser Links führen hierbei auf meine persönliche Homepage oder auf einschlägige Webseiten. Die Weiterleitung erfolgt ausschließlich von der Seite https://pp22.de, damit die Links von mir persönlich gepflegt werden können. Falls eine Weiterleitung nicht mehr zielführend sein sollte, bitte ich um eine entsprechende Nachricht per Email. Ich freue mich außerdem, wenn Sie mir auf meiner Homepage https://thomas-martens.de oder auf meinen Social Media Accounts folgen.

Die begleitende Website des Springer-Verlags https://lehrbuch-psychologie.springer.com/ hält zudem Antworten auf die Reflexionsfragen, ein Glossar, Lernkarten sowie einen Foliensatz für dieses Buch zum Download bereit.

Diese Einführung in die Pädagogische Psychologie sollte ohne einschlägiges psychologisches Vorwissen verständlich sein. Es richtet sich speziell an Studierende, die am Beginn ihres Studiums stehen, und sich einen ersten Überblick über die Pädagogische Psychologie verschaffen möchten. Darüber hinaus richtet sich das Buch generell an alle Interessierten, die eine kurze Antwort auf die Frage „Was ist eigentlich Pädagogische Psychologie?" suchen.

Ich wünsche Ihnen eine interessante, erkenntnisreiche und sinnstiftende Lektüre!

Hamburg   Thomas Martens
im Juni 2024

Inhaltsverzeichnis

Was Ist Pädagogische Psychologie? 1

Lern- und Handlungsprozesse aus individueller Sicht 7

Das Unmittelbare Lernumfeld: Familie und Peers 25

Lehr-Lernprozesse in Bildungsinstitutionen 29

Qualität von Bildungsinstitutionen 37

Perspektiven der Pädagogischen Psychologie 43

Weiterführende Links für das Buch Pädagogische Psychologie 49

Über den Autor

Prof. Dr. Thomas Martens ist Professor für Pädagogische Psychologie an der MSH Medical School Hamburg. In seinen aktuellen Forschungsprojekten untersucht er das Zusammenspiel von Theorien und Methoden zu Lernprozessen auf unterschiedlichen zeitlichen Ebenen sowie die Förderung der Lernmotivation durch Lerntagebücher.

Was Ist Pädagogische Psychologie?

Die Pädagogische Psychologie nimmt im Kanon der psychologischen Fächer eine gewisse Sonderrolle ein: die Fokussierung auf das individuelle Lernen und Verhalten wird durch eine Umweltperspektive systematisch erweitert. Dabei geht es um die Interaktion einer Person (P) mit ihrer Umwelt (U).

Die persönliche Lernumwelt ist in der Regel eine soziale, die aus Bezugspersonen besteht, wie Familienangehörige oder Gleichaltrige (Peers). Diese Bezugspersonen können wiederum Funktionsrollen in Bildungssystemen einnehmen, so als Lehrkräfte an Schulen. Verschiedene Systeme können miteinander verkoppelt oder verschachtelt sein, etwa als Klassenverband in der Sekundarstufe an einer Gesamtschule in einem bestimmten Bundesland in Deutschland.

▶ **Definition** Die *Pädagogische Psychologie* beschreibt die Interaktionen von Personen und Pädagogischen Umwelten, insbesondere Lern- und Transformationsprozesse in Bildungsumwelten.

▶ Die wichtigsten **Fachbegriffe** dieses Buch finden Sie unter https://pp22.de/fachbegriffe

Personeneigenschaften sind Faktoren, die individuelle Lernprozesse beeinflussen und sich im Laufe der persönlichen Bildung verändern können, etwa kann das Interesse an schulischen Themen im Laufe der Schulzeit abnehmen.

Die Pädagogische Psychologie untersucht die Interaktion (X) zwischen Personen sowie Personeneigenschaften und unterschiedlichen Lernumwelten, die im weitesten Sinne als Lehr- und Lernprozesse verstanden werden können (siehe

Abb. 1 Pädagogische Psychologie als Interaktion zwischen Personeneigenschaften und Lernumwelten

Abb. 1). Hieraus ergibt sich auch der besondere Fokus auf Bildungsinstitutionen wie etwa Schule und Hochschule.

Dabei sind die Grenzen zu anderen Fachdisziplinen wie etwa der *Pädagogik* fließend. So werden Lernprozesse im Schulunterricht von der Pädagogischen Psychologie und von der Schulpädagogik gleichermaßen untersucht und bündeln sich in der sogenannten *Empirischen Bildungsforschung*.

▶ Eine Übersicht über die Institutionen der Bildungsforschung findet sich auf dem Fachportal Pädagogik: https://pp22.de/institutionen

Zu anderen Fachdisziplinen innerhalb der Psychologie gibt es große Überschneidungsbereiche, etwa zur *Entwicklungspsychologie*. Die Unterschiede liegen oft nur in einer Verschiebung der Perspektive: so werden kognitive Lernprozesse in der Pädagogischen Psychologie untersucht und ebenso in der Entwicklungspsychologie, allerdings dort mit einem stärkeren Fokus auf die Veränderungen über die Lebensspanne hinweg (vgl. Kray, 2019).

Insbesondere im Vergleich zur *Allgemeinen Psychologie* (Strobach & Wendt, 2019) wird der Interaktionscharakter der Pädagogischen Psychologie deutlich: empirische Befunde in der Allgemeinen Psychologie werden unter *konstanten* Umweltbedingungen erhoben, etwa bei der Intelligenzmessung. Im Gegensatz hierzu wird in der Pädagogischen Psychologie untersucht, wie die Anforderungen *unterschiedlicher* Lernumwelten kognitiv bewältigt werden können, etwa welches Lernpotenzial mit entsprechender Hilfestellung erreicht werden kann.

Die *Sozialpsychologie* (vgl. Degner et al., 2024) weist die größten Überschneidungsbereiche beim Lernen in Gruppen auf. Aber auch hier können viele Befunde aus hochkontrollierten Experimenten oft nicht auf die Bildungsprozesse in anderen Umwelten übertragen werden.

In der *Klinischen Psychologie* (vgl. Endrass & Riesel, 2022) werden zum Teil die gleichen Störungen betrachtet wie in der Pädagogischen Psychologie, so die Aufmerksamkeitsdefizit-/Hyperaktivitätsstörung (ADHS), die als häufigste Störung im Kindes- und Jugendalter die Lernprozesse systematisch beeinflusst. Umgekehrt können viele Störungen als Spezialfall von Lernprozessen angesehen werden, etwa wenn die Emotionsregulation nicht mehr funktioniert.

Ein Rahmenmodell für die Pädagogische Psychologie

Der bisher grob skizzierte Gegenstandsbereich der Pädagogischen Psychologie soll im Folgenden mit einem Rahmenmodell (siehe Abb. 2) verdeutlicht werden, das die Personenperspektive und die Umweltperspektive lern- und handlungstheoretisch integriert.

Aus der subjektiven Perspektive der lernenden Person muss zunächst auf eine Anforderung (Soll) von außen reagiert werden, etwa das Ziel in der Schule lesen zu lernen. Eine wahrgenommene Soll-Ist-Diskrepanz könnte also einen individuellen Lernprozess anstoßen, der im besten Fall zu einem passenden Lernergebnis (Outcome) führt, wie dem erfolgreichen Erwerb der Lesekompetenz. Dieser individuelle Lernprozess kann auch als *selbstreguliertes Lernen* bezeichnet werden.

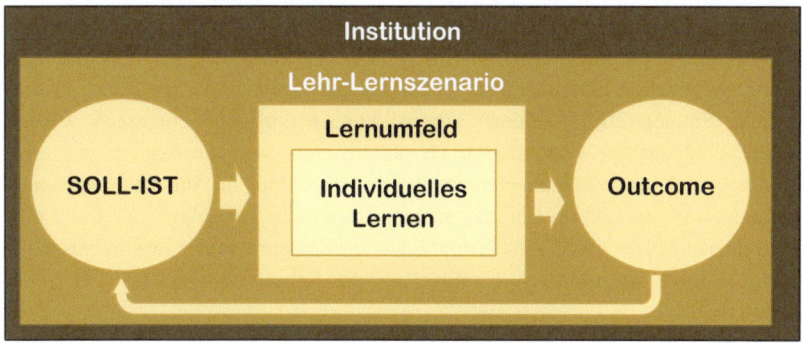

Abb. 2 Das Rahmenmodell der Pädagogischen Psychologie

▶ **Das Soll aus gesellschaftlicher Perspektive**
Das, was gelernt werden *soll*, wir durch gesellschaftliche Prozesse festgelegt. Diese Ziele von Erziehung und Bildung verändern sich über die Zeit und unterscheiden sich zwischen verschiedenen Gesellschaften. In einer demokratischen Gesellschaft sollten Bildungsziele über die reine Vermittlung von Kompetenzen hinausgehen und etwa die Schule ein Lernort für Demokratie sein (KMK, 2018). In einer autoritären Gesellschaft sind dagegen Unterordnung und Gehorsam zentrale Ziele.

Der Prozess des selbstregulierten Lernens ist oft mit unmittelbaren Bezugspersonen des Lernumfelds verknüpft, etwa mit den Eltern, den Gleichaltrigen (Peers) oder den Lehrkräften. Aus diesen Verknüpfungen ergeben sich jeweils eigene Forschungsfelder, bspw. zu den Erziehungsstilen (vgl. Smetana, 2017) oder dem kollaborativen Lernen in Gruppen (vgl. Dillenbourg, 1999).

Die nächste Abstraktionsstufe im Rahmenmodell der Pädagogischen Psychologie ist dann das sogenannte Lehr-Lern-Szenario. Dieses wird in der Regel von der Bildungsinstitution vorgegeben und von der Lehrkraft gestaltet. Die Universität gibt beispielsweise die Veranstaltungsform ‚Vorlesung' vor, aber die Lehrkraft hat hierbei einen großen Gestaltungsspielraum, indem sie die Interaktionsformen in der Vorlesung bestimmen kann.

Den äußeren Rahmen bilden in diesem Modell die Bildungsinstitutionen, wie Schulen oder Hochschulen, die nicht nur thematische Lehrpläne vorgeben, sondern den gesamten Lernprozess organisieren. Bildungsinstitutionen sind deshalb nicht nur für die primären Bildungsqualitäten wie dem Kompetenzzuwachs der Lernenden verantwortlich, sondern auch für die Qualität aller Lehr-Lernprozesse. Qualitätsmanagement-Systeme, wie das Q2E-System (Landwehr & Steiner, 2007), können von Bildungsinstitutionen eingesetzt werden, um diese Qualitäten systematisch zu organisieren, wie die Einrichtung eines schulischen Beschwerdemanagementsystems. Trotzdem hat die Bildungsinstitution keinen unmittelbaren Einfluss auf das Unterrichtsgeschehen. Die Lehrkräfte bestimmen letztlich die Lehr-Lernprozesse im Klassenzimmer und haben damit einen systematisch größeren Einfluss auf die Schulleistungen der Lernenden (Hattie, 2023).

Der Aufbau dieses Buches folgt der Struktur des Rahmenmodells der Pädagogischen Psychologie von innen nach außen, beginnend mit dem individuellen Lernen.

Zusammenfassung

Die *Pädagogische Psychologie* beschreibt die Interaktionen von Personen und Pädagogischen Umwelten, insbesondere Lern- und Transformationsprozesse in Bildungsumwelten. Dabei sind die Grenzen zu anderen Fachdisziplinen wie etwa der Pädagogik fließend. So werden Lernprozesse im Schulunterricht von der Pädagogischen Psychologie und von der Schulpädagogik gleichermaßen untersucht und bündeln sich in der sogenannten Empirischen Bildungsforschung. Der Kern des *Rahmenmodells der Pädagogischen Psychologie* besteht aus einer normativen Soll-Ist-Diskrepanz, die individuelle Lernprozesse anregt und diese führen dann zu einem Outcome. Diese Lernprozesse sind im Rahmenmodell in eine persönliches Lernumfeld, ein Lehr-Lernszenario und schließlich in die Bildungsinstitution eingebettet. Der Aufbau dieses Buches folgt der Struktur des Rahmenmodells der Pädagogischen Psychologie von innen nach außen, beginnend mit dem individuellen Lernen.

Reflexionsfragen

Alle Reflexionsfragen dieses Buches und die entsprechenden Musterantworten finden Sie unter: https://pp22.de/reflexionen

Wie kann die Pädagogische Psychologie definiert werden?

Was unterscheidet die Pädagogische Psychologie von anderen Fächern der Psychologie?

Aus welchen Schichten besteht das Rahmenmodell der Pädagogischen Psychologie?

Lern- und Handlungsprozesse aus individueller Sicht

Bevor die wesentlichen Prozesse des selbstgesteuerten Lernens behandelt werden, muss der Begriff des Lernens kurz historisch eingeordnet werden. Die Erforschung des Lernens war dabei jeweils stark abhängig von den zeitgenössischen Forschungsmethoden und den jeweiligen Ideen, wie wissenschaftliche Erkenntnisse überhaupt gewonnen werden können. Die Überzeugungen, wie wissenschaftliche Erkenntnisse gewonnen werden können, werden *Paradigmen* (sensu Kuhn, 1962) genannt und können insbesondere Forschungsmethoden und die Interpretation von Ergebnissen über Jahre und Jahrzehnte prägen.

Vorbemerkung: Lernen aus behavioristischer Sicht

Insbesondere der *Behaviorismus* ist ein Paradigma, das den Lernbegriff vor allem im Alltagsverständnis bis heute beeinflusst (vgl. Murtonen et al., 2017). Dabei wurde besonders in der Anfangszeit des Behaviorismus das innerpsychische Erleben im Sinne einer ‚Black Box' für nicht erforschbar erklärt: Das Verhalten wurde ausschließlich als Reaktion auf eine Umwelt begriffen. Diese Person-Umwelt-Beziehung wurde allerdings auf zwei sehr einfache Prinzipien reduziert: die klassische und die operante Konditionierung. Beide Prinzipien gehen davon aus, dass ein Verhalten dann ‚gelernt' wird, wenn die Wahrscheinlichkeit einer gewünschten Verhaltenskonsequenz steigt (vgl. Kap. 4, Strobach & Wendt, 2019). Insbesondere in aufwendigen Tierexperimenten wurden Verstärkerpläne entwickelt, die zu besonders guten Lernergebnissen führen sollten. Mit den heutigen Forschungsmöglichkeiten erscheint die Übertragung von tierexperimentellen Befunden auf das menschliche Verhalten nicht mehr zeitgemäß. Das systematische Ausblenden des innerpsychischen Erlebens bei der Vorhersage und Erklärung von menschlichem Verhalten ist vor allem den damals begrenzten Forschungs- und Erkenntnismöglichkeiten geschuldet. Aber auch aus der innerparadigmatischen Sicht des Behaviorismus wurden die Schwächen des eigenen Ansatzes kritisiert. Es wurde berichtet, dass das antrainierte Verhalten der Tiere nach einer Zeit wieder durch artspezifisches Verhalten ersetzt wurde: so fingen Waschbären die auf das Einstecken von Münzen dressiert waren nach einer Zeit spontan wieder an, die Münzen zu reiben, also zu waschen (Breland & Breland, 1961; vgl. Holzkamp, 1993). Es bleibt natürlich die Frage zu klären, warum der Behaviorismus über Jahre und Jahrzehnte so erfolgreich war. Die Vorhersagen des Behaviorismus können vor allem dann experimentell bestätigt werden, wenn einer Versuchsperson die Möglichkeit genommen wird, vertieftes Wissen über das Lernobjekt zu erwerben, etwa durch Exploration. Die Versuchsperson muss dann – unter der jeweiligen Versuchsbedingung – die Verhaltensoption wählen, die den größten Nutzen verspricht. Oder umgekehrt die Verhaltensoption vermeiden, die die unangenehmsten Folgen haben könnte. Im Zweifelsfall wird unter solchen Versuchsbedingungen nicht im eigentlichen Sinn gelernt, sondern es wird einfach das erfolgversprechendste Verhalten gezeigt. Sobald die ursprünglich restriktiven Bedingungen wegfallen, können komplexere Verhaltensstrategien wie Exploration wieder aufgenommen werden (vgl. Holzkamp, 1993).

▶ Warum ist der Behaviorismus bis heute erfolgreich? https://pp22.de/behaviorismus

Vorbemerkung: Lernen aus kognitionspsychologischer Sicht

Der *Kognitivismus* hat als nächste wichtige Strömung in der wissenschaftlichen Psychologie den Behaviorismus zum Teil ergänzt oder sogar ganz abgelöst. Das innerpsychische Geschehen wird im Kognitivismus wieder in den Fokus gerückt und konzentriert sich auf sogenannte ‚Gedächtnisprozesse'. Dabei werden verschiedene Speichersysteme unterschieden, typischerweise das Kurzzeitgedächtnis und das Langzeitgedächtnis. In dieser Vorstellung kann das Kurzzeitgedächtnis nur wenige Informationen speichern und stellt eine Art Flaschenhals beim Übergang in das Langzeitgedächtnis dar (vgl. Kap. 5; Strobach & Wendt, 2019). Diese Annahmen haben natürlich Implikationen für die Gestaltung von Lernprozessen. Diese müssen darauf abgestimmt sein, dass das Kurzzeitgedächtnis nicht überlastet wird (vgl. 4C/ID-Modell, Van Merriënboer et al., 2002). Aber bevor wir auf weitere Implikationen für Lernprozesse kommen, soll das kognitionspsychologische Forschungsparadigma genauer betrachtet werden. Oft werden Gedächtnisexperimente mit Wortschnipseln durchgeführt, die auswendig gelernt werden müssen. Damit das Vorwissen vergleichbar ist, werden dann oft experimentelle Designs verwendet, die gleich ganz auf Vorwissen verzichten, in denen etwa sinnlose Silben gelernt werden müssen (vgl. Holzkamp, 1993). Eine solche Ausblendung des Vorwissens ist auf die meisten bildungsbezogenen Lernprozesse nicht übertragbar. So geht es beim schulischen Lernen ja darum, bereits erworbene Kenntnisse und Kompetenzen systematisch zu erweitern. Die schulischen Wissensinhalte bauen deshalb mehr oder weniger stark aufeinander auf. Besonders das Fach Mathematik ist als eine Art ‚Spiralcurriculum' aufgebaut, das immer wieder auf vorangehende Wissensinhalte aufbaut.

Umso größer das bereits zugängliche Vorwissen ist, desto weniger sind die experimentellen Befunde zur Begrenztheit des Kurzzeitgedächtnisses also anwendbar.

▶ **Konstruktivismus und selbstreguliertes Lernen**
Die aktuellen Forschungsarbeiten der Pädagogischen Psychologie zum Lernen und zu Lernprozessen folgen dem Paradigma des *Konstruktivismus:* Die aktive Rolle der Lernenden rückt in das Zentrum des Erkenntnisinteresses. Die Lernenden regulieren ihre Lernprozesse selber und konstruieren ihr Wissen aufbauend auf ihren eigenen Vorwissensstrukturen. Als Vorreiter für ein solches Lernverständnis gilt Jean Piaget als Begründer des strukturgenetischen Konstruktivismus (Hoppe-Graff, 2014).

Aus dem Blickwinkel des Konstruktivismus verändert sich das Konzept des ‚Vorwissens': Es geht beim Lernen nun darum, neue Wissensinhalte an bereits vorhandene Selbststrukturen anzudocken. Diese Selbststrukturen können spezifisches Vorwissen, aber natürlich auch Selbsterfahrungen sein, die in ganz anderen Kontexten erworben wurden (vgl. Gerstenmaier & Mandl, 1995). Durch diesen Andockvorgang ist dann sichergestellt, dass das neue Wissen über die alten Selbststrukturen zugänglich ist und viel besser abgerufen werden kann. Solche Vernetzungsprozesse verhindern, dass das neue Wissen ‚träge' ist und auch wirklich angewendet werden kann (vgl. Renkl et al., 1996), etwa wenn Erkenntnisse der Schulmathematik auf Alltagssituationen wie dem Einkaufen angewendet werden sollen.

Im Konstruktivismus verändert sich auch die Rolle der Lehrperson: Sie soll den individuellen Lernprozess im Sinne eines Coaches unterstützen und den nächsten Lernschritt ermöglichen (siehe Scaffolding und Fading, Kap. 4).

Lernen und Handeln: Selbstreguliertes Lernen

Nach diesen beiden Vorbemerkungen sollte deutlich geworden sein, dass Behaviorismus und Kognitivismus das Alltagsverständnis von ‚Lernen' bis heute beeinflussen. Beide Konzeptionen sind aus heutiger Sicht in ihrer Aussagekraft und vor allem bezüglich ihrer Generalisierbarkeit stark eingeschränkt. Gerade auf institutionalisierte Bildungsprozesse, die im Fokus der Pädagogischen Psychologie stehen, sind beide Konzeptionen nur beschränkt anwendbar.

Im Folgenden soll deshalb eine möglichst weitreichende Konzeption von Lernprozessen vorgestellt werden, das *selbstregulierte Lernen*. Mit der Vorsilbe ‚selbst' wird unmittelbar deutlich, dass sich die Forschungsperspektive zum Individuum hin verschiebt. Die Lernenden werden nicht mehr von außen durch Lehrende oder Forschende ‚fremd' gesteuert, sie werden nun als autonome und handelnde Subjekte konzeptualisiert.

Hieraus ergibt sich zunächst die Frage, ob sich Handlungsprozesse und Lernprozesse unterscheiden. Eine Unterscheidung von ‚Lernen' und ‚Handeln' könnte etwa dann sinnvoll sein, wenn Wissens- oder Kompetenzbereiche in genau definierte Teile zerlegbar sind, um dann isoliert und fremdgesteuert unterrichtet zu werden (Dulisch, 1986). Dies sind Spezialfälle des Lernens, die sehr selten vorkommen. Für die allermeisten Bildungssituationen können also Lern- und Handlungsprozesse gleichgesetzt werden.

Das integrierte Lern- und Handlungsmodell (ILHM)

Im Folgenden sollen die Lern- und Handlungsprozesse beschrieben werden, die im Zentrum des Rahmenmodells der Pädagogischen Psychologie stehen. Das nun folgende Modell kann am besten verstanden werden, indem man sich eine vollständig neue Lernhandlung vorstellt, wie etwa das Erlernen einer neuen Sprache.

▶Eine neue Lernhandlung im Sinne des ILHM: https://pp22.de/lernhandlung

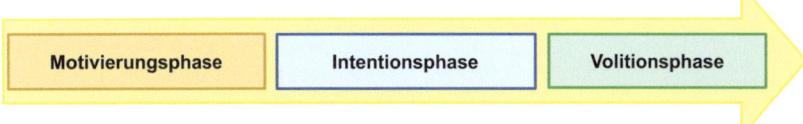

Abb. 1 Die drei Hauptphasen des Integrierten Lern- und Handlungsmodells (ILHM)

▶ **Habits und reflektierte Handlungen**
Die meisten täglichen Handlungen wurden schon so viele Male vollzogen, dass sie zu Gewohnheiten und Routinen *(Habits)* geworden sind, die nicht mehr hinterfragt werden, wie das abendliche Zähneputzen. Aber auch solche Habits können handlungstheoretisch reflektiert werden, etwa wenn der Umstieg von manueller zu elektrischer Zahnbürste angedacht wird.

Im Folgenden wird ein vollständiger Lern- und Handlungszyklus beschrieben, der schon lange vor der eigentlichen Lernhandlung beginnt und hinterher die schon vollzogene Lernhandlung reflektiert und nachfühlt. Diese Beschreibung wird nicht immer intuitiv nachvollziehbar sein, da nicht alle Aspekte des selbstregulierten Lernens bewusst reflektiert werden können.

Das Integrierte Lern- und Handlungsmodell (ILHM, Martens, 2012; Martens & Metzger, 2017) unterscheidet hierbei drei Hauptphasen (siehe. Abb. 1): In der *Motivierungsphase* entsteht eine grundlegende Motivation, eine Situation zu verändern. In der *Intentionsphase* wird die Intention für eine passende Lernhandlung gebildet, die die Ausgangssituation verändern kann und in der *Volitionsphase* wird diese Lernhandlung dann realisiert.

Die Motivierungsphase

Der erste Impuls für die Genese einer neuen Lernhandlung geht idealtypisch von einem Diskrepanzempfinden aus: Etwas ist nicht so, wie es sein sollte. Eine solche *Soll-Ist-Diskrepanz* (siehe Abb. 2) kann als Herausforderung oder als Bedrohung erlebt werden. Dabei kann die Herausforderung als Spezialfall einer Soll-Ist-Diskrepanz betrachtet werden, da bereits eine entsprechende Bewältigungsvorstellung entwickelt werden konnte. In den meisten Fällen wird das Erleben einer Herausforderung also ein verkürzter Handlungsstrang sein.

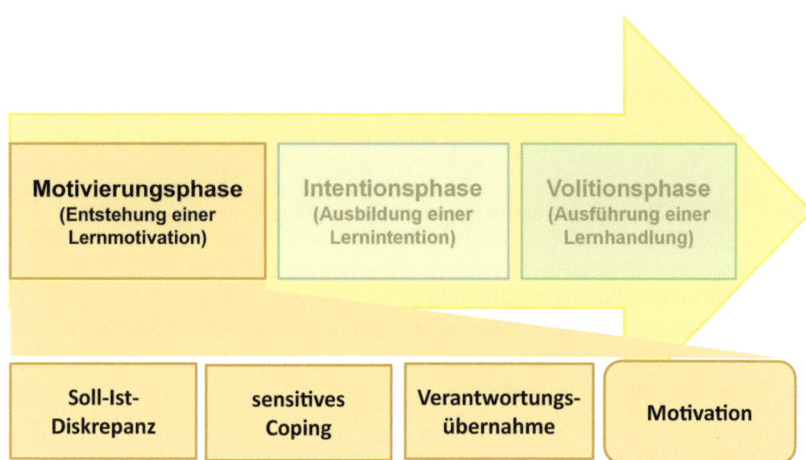

Abb. 2 Die Motivierungsphase des Integrierten Lern- und Handlungsmodells (ILHM)

Aber von vorne: Die Soll-Ist-Diskrepanz wird also in der Regel als eine Art Bedrohung erlebt. Die Ausgangssituation ist nicht so, wie sein sollte und wird von einem negativen Affekt begleitet.

▶ **Beispiel für eine bedrohliche Soll-Ist-Diskrepanz**
Als Studierender an einer Universität werde ich von der Lehrbeauftragten aufgefordert, mir bestimmte Wissensinhalte anzueignen. Diese Aufforderung könnte unmittelbar bedrohlich wirken, wenn diese Wissensinhalte weitestgehend unbekannt sind und ich negative Konsequenzen befürchten muss, wenn ich diese Lernziele nicht erreiche.

Diese Befürchtung – also der negative Affekt – muss in der Regel eine Weile ausgehalten werden, um die Anforderungen, die sich aus der Soll-Ist-Diskrepanz ergeben, auch wirklich genau zu analysieren. Dieses Aushalten des negativen Affekts ist das sogenannte *Sensitive Coping* (Krohne, 1986). Wenn die Soll-Ist-Diskrepanz allzu bedrohlich wirkt, können allerdings Verdrängungsprozesse ausgelöst werden, um dem negativen Affekt auszuweichen. Solche Verdrängungsprozesse können zu einer unscharfen Zielanalyse oder im schlechtesten Fall zu einem vollständigen Abbruch des Lernengagements führen.

▶ Welche Verdrängungsprozesse gibt es? https://pp22.de/verdraengung

Erst wenn die eingangs identifizierte Soll-Ist-Diskrepanz internalisiert wird, kann sie ihre ganze Motivierungskraft entfalten. Eine solche *Verantwortungsübernahme* gelingt dann, wenn die ursprüngliche Herausforderung mit passenden Selbstschemata verknüpft werden kann. Die Soll-Ist-Diskrepanz wird dann zu einer persönlichen Herausforderung. Die Voraussetzung für eine gelingende Internalisierung ist die Dämpfung von negativen Affekten, in der Regel durch den Prozess der Selbstberuhigung (vgl. Kuhl, 2000, 2001). Die Gestaltung der Soll-Anforderung kann diese Internalisierung auf mindestens zwei Arten unterstützen. Zum einen sollte die gestellte Soll-Anforderung so vielgestaltig sein, dass sich persönliche Anknüpfungspunkte ergeben können, etwa durch eine authentische Aufgabenstellung (vgl. Mandl & Kopp, 2006), oder wenn Vorstellungen darüber entwickelt werden können, wie die Lernziele in die eigene berufliche Zukunft passen könnten.

Außerdem sollte die subjektive Wahlfreiheit des Lernthemas gegeben sein, insbesondere ein erzwungenes Lernziel kann das Grundbedürfnis nach Autonomie (vgl. Guay, 2022) so stark einschränken, dass eine Internalisierung in Form einer Verantwortungsübernahme kaum möglich ist. Im besten Fall kulminiert die Motivierungsphase in einer stark ausgeprägten Verantwortungsübernahme, die fest mit den eigenen Selbstschemata verbunden ist. Eine große Motivierung schafft damit auch die Kraft und die Energetisierung für die nachfolgenden Phasen des ILHM.

Die Intentionsphase
Die Motivationskraft, die in der Motivierungsphase aufgebaut worden ist, muss dann in der *Intentionsphase* in eine Intention für eine spezifische Lernhandlung kanalisiert werden (siehe Abb. 3).

Zunächst müssen in einer ersten Suche passende Handlungen identifiziert werden *(Handlungssuche)*. Diese Handlungen müssen dann darauf geprüft werden, ob ein mögliches Handlungsergebnis die ursprüngliche Soll-Ist-Diskrepanz wirklich verringern kann (Handlungs-Ergebnis-Erwartung, vgl. Heckhausen, 1977). Entscheidend für die resultierende Intentionsstärke ist dann die sogenannte Selbstwirksamkeit oder *Kompetenzerwartung* (sensu Bandura, 1977, 1986): Kann diese konkrete Lernhandlung wirklich von mir selbst durchgeführt werden? Für diese Internalisierung muss zunächst abgewogen werden, ob ich mir diese spezifische Handlung wirklich zutraue und diese Handlung zu mir selber passt. Wiederum ist hierbei die mögliche Assoziation mit den eigenen Selbstschemata wichtig: Kann ich etwa auf Vorerfahrungen zurückgreifen, in denen ich ähnliche Lernhandlungen

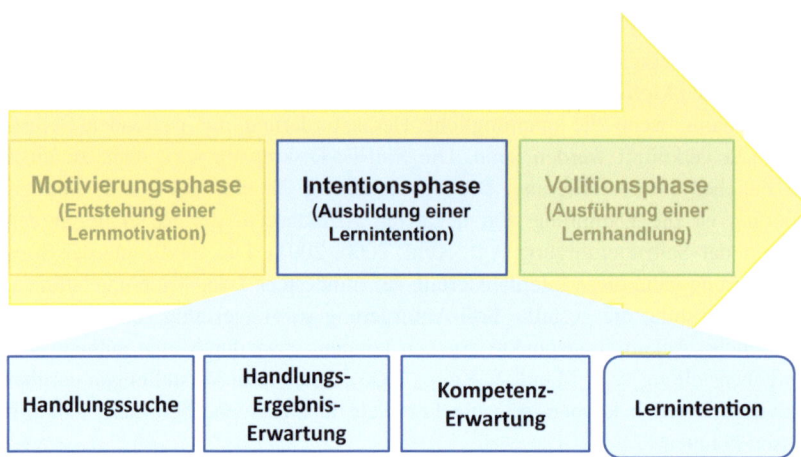

Abb. 3 Die Intentionsphase des Integrierten Lern- und Handlungsmodells (ILHM)

bereits erfolgreich durchgeführt habe? Passt diese spezifische Lernhandlung wirklich zu mir selbst? Diesen Abgleich mit den eigenen Selbstschemata wird deshalb von Kuhl (2000, 2001) ‚Self Compatibility Check' genannt. Eine möglichst tiefgehende Vernetzung mit den eigenen Selbstschemata führt darüber hinaus nicht nur zur Ausbildung einer starken Handlungsintention, sondern bereitet auch eine flexible Lern- und Handlungsausführung in der Volitionsphase vor.

▶Eigenschaften der Kompetenzerwartung: http://pp22.de/kompetenzerwartung

Die Volitionsphase
Auch eine vermeintlich starke Intention muss in der *Volitionsphase* in eine wirkliche Lernhandlung umgesetzt werden (siehe Abb. 4).

Dafür muss sich eine Lernintention zunächst gegen andere Handlungsintentionen durchsetzen. So können die Beschäftigung mit digitalen Spielen oder der Austausch mit Peers sehr attraktiv sein und damit eine stärkere Intentionskraft ausüben als das Lernen für die Schule. Entsprechend muss also die Absicht für eine schwierig ausführbare Lernhandlung über einen längeren Zeitraum aufrechterhalten werden. Die *Persistente Zielverfolgung* ist also notwendig, um die Handlungsrealisierung von Ablenkungen abzuschirmen.

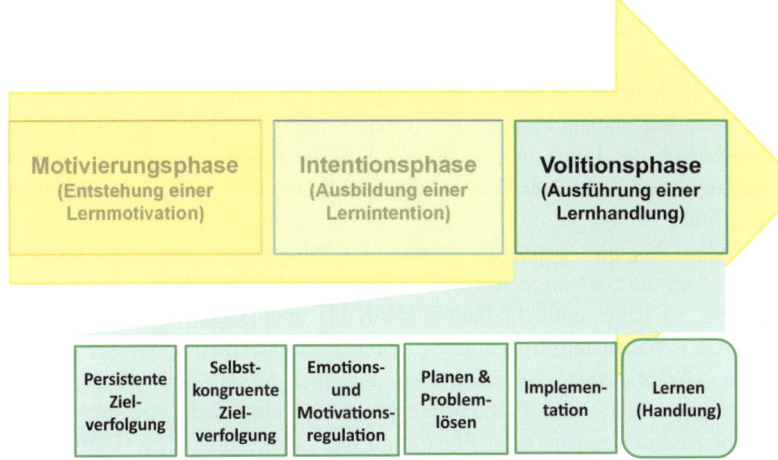

Abb. 4 Die Volitionsphase des Integrierten Lern- und Handlungsmodells (ILHM)

▶ **ADHS und die Volition**
Kindern mit Aufmerksamkeitsdefizit-/Hyperaktivitätsstörung (ADHS) gelingt die Abschirmung von konkurrierenden Handlungen in der Regel besonders schlecht. Das betroffene Kind springt dann von einer Handlungsintention zu einer anderen und vielleicht wieder zurück. Handlungsstränge werden dann vorzeitig abgebrochen und kaum vollständig zu Ende geführt. Das ständige Wechselspiel der unterschiedlichen Handlungen ist mit hohen Effektivitätsverlusten verbunden. Bereits erreichte Etappenziele im Lernprozess gehen immer wieder verloren, was zu einem zusätzlichen Aufwand und nachfolgend zu Frustration führen kann. Dies kann dann mittel- und langfristig zu einer sich selbst verstärkenden Verschlechterung der Schulleistungen führen. Kinder mit ADHS sollten durch eine ablenkungsarme Lernumgebung und kompensatorische Trainingsprogramme unterstützt werden (siehe Gawrilow et al., 2022).

Die Ausführung einer Lernhandlung in der Volitionsphase muss laufend auf ihre Passung zum Selbst und zu den eigenen Selbstschemata mit der *Selbstkongruenten Zielverfolgung* überwacht werden. Eine starre Handlungsregulation, die

die eigenen Bedürfnisse missachtet, kann sehr anstrengend werden und nachfolgend zu Handlungsaufschub oder Handlungsabbruch führen, weil die damit einhergehende Anstrengung vermieden werden soll.

Gerade deshalb ist auch die *Emotions- und Motivationsregulation* so wichtig. Insbesondere überstarke negative Affekte können zu einer Blockade oder zu einem Abbruch der Lernhandlung führen. Positive Emotionen sind für kreative Denkprozesse und dem Finden neuer Lösungen besonders wichtig (vgl. Greene & Noice, 1988).

Vor allem kognitiv geprägtes *Planen & Problemlösen* spielt bei seriellen Lernprozessen eine wichtige Rolle. Günstig ist es hierbei, wenn der Problemlöseprozess so lange aufrechterhalten wird, bis auch tatsächlich eine Lösung identifiziert werden kann. Insbesondere müssen die dauerhafte Abwesenheit von positiven Affekten sowie zeitweise sogar negative Affekte beim Problemlösen ausgehalten werden. Wenn Problemlöseprozesse in eine Sackgasse führen, darf dies nicht zu einer andauernden Frustration und einem möglichen Abbruch des Problemlöseprozesses führen. Protektive Faktoren, die zu einer Verlängerung des Problemlöseprozesses führen, sind insbesondere eine besonders positiv ausgeprägte Kompetenzerwartung sowie eine funktionierende Emotionsregulation, die negative Affekte bei Frustrationserlebnissen dämpfen kann. Umgekehrt birgt ein vorzeitiger Abbruch von Problemlöseprozessen die Gefahr einer negativen Rückkopplung: Ausbleibende Erfolgserlebnisse werden die Kompetenzerwartung schwächen und damit auch zukünftige Problemlöseprozesse.

Am Ende der Volitionsphase steht dann die *Implementation* einer Lernhandlung, etwa in dem das Resultat eines längeren Denk- und Grübelprozesses auch tatsächlich aufgeschrieben wird. Dieser Übergang in eine manifeste Lernhandlung ist in der Regel mit positiven Affekten verknüpft.

▶ Welcher Motivationstyp bin ich? https://pp22.de/motivationstyp

Die Rückkopplungsprozesse
Eine besondere Rolle nehmen Rückkopplungsprozesse (siehe Abb. 5) ein, die noch einmal den primären Durchlauf des ILHM ganz oder teilweise wiederholen.

Eine *lange Rückkopplung* zurück zur Motivierungsphase reflektiert zum einen, ob sich die ursprüngliche Soll-Ist-Diskrepanz wirklich verkleinert hat und das ursprüngliche Lernziel nähergekommen ist. Außerdem muss nachgespürt werden, ob Lernfortschritte auch wirklich internalisiert werden und sich selbst zugeschrieben werden können.

Die *mittlere Rückkopplung* zurück zur Intentionsphase reflektiert, ob eine spezifische Lernhandlung oder Lernstrategie wirklich zu den gewünschten Ergebnissen

Das integrierte Lern- und Handlungsmodell (ILHM)

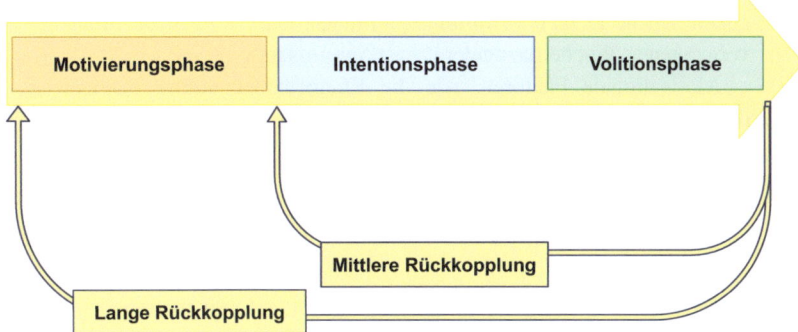

Abb. 5 Lange und mittlere Rückkopplung im Integrierten Lern- und Handlungsmodell (ILHM)

geführt hat. Zudem muss nachgespürt werden, ob die entsprechende Lernhandlung wirklich zu einem selbst passt.

Die lange Rückkopplung kann somit die grundlegende Motivierung verstärken oder abschwächen. Die mittlere Rückkopplung wirkt verstärkend oder abschwächend auf die entsprechende Intention für eine Lernhandlung. Als Spezialfall kann das völlige Fehlen der Rückkopplungsprozesse behandelt werden: Wenn die lange Rückkopplung ganz fehlt, dann kann es zu einer Motivdominanz kommen, zu einem unbedingten Festhalten am eigentlichen Lernziel, ohne dass das eigentliche Lernziel näherkommt. Wenn die mittlere Rückkopplung fehlt, kann es zu einer Intentionsdominanz kommen, bei der eine nicht-effektive Lernhandlung stereotyp wiederholt wird, obwohl keinerlei Nutzen von ihr zu erwarten ist.

▶ **Beispiele für die mittlere und lange Rückkopplung**
In mehreren empirischen Projekten wurde untersucht, ob die Lernmotivation durch die Reflexion der mittleren und langen Rückkopplung gesteigert werden kann. Dazu wurden jeweils 6 Wochen lang neue Lernmethoden ausprobiert, etwa die Gestaltung einer Mindmap. Nach jeweils einer Woche, sollte die jeweils neue Lernmethode reflektiert werden:
Mittlere Rückmeldung: Hältst Du diese Methode generell für hilfreich? Hast Du Dich mit dieser Methode wohl gefühlt?

Lange Rückkopplung: Entspricht der Lernzuwachs in der vergangenen Woche Deinen Erwartungen? Findest Du das, was Du in der vergangenen Woche dazugelernt hast, interessant?

Motivationale Faktoren, wie die Kompetenzerwartung konnten durch diese Reflexion systematisch gesteigert werden (Martens & Pistoll, 2023).

▶ Förderung der Lernmotivation durch Lerntagebücher: https://pp22.de/lerntagebuch

Mit zunehmender Expertise ist es ratsam, auch die Lernhandlungen entsprechend zu modifizieren und anzupassen. Der Zeitpunkt für einen Strategiewechsel wird dann verpasst, wenn die Reflexionen der mittleren Rückkopplung nicht durchgeführt werden.

Beim anfänglichen Lernen einer fremden Sprache kann es sinnvoll sein, Worte repetitiv – etwa mit Karteikarten – zu üben. Mit zunehmenden Lesekompetenzen sollten Lernstrategien eingesetzt werden, die das Verständnis des Kontextes, der Geschichte oder der Situation des zu lesenden Textes verdeutlichen (vgl. Van Dijk & Kintsch, 1983). Eine mögliche Lernmethode hierfür wäre die Anwendung von Concept Maps oder Mindmaps (Schroeder et al., 2018). Aber es gilt, wie bei allen Lernstrategien, dass die Lernenden auch hier schauen müssen, ob das Concept Mapping wirklich gut zu ihnen selbst passt.

▶ **Prokrastination aus der Sicht des ILHM**
Die Umsetzung einer Lernhandlung in der Volitionsphase kann aus unterschiedlichen Gründen durchbrochen werden. Ein Teil dieser Gründe kann mit dem Begriff *Prokrastination* beschrieben werden. Aus Sicht des ILHM spielen negative Affekte wie Angst, Unsicherheit und Erschöpfung sowie das Ausbleiben von positiven Affekten wie fehlender Spaß und fehlende Freude wichtige Rollen bei der Blockade von Lernprozessen. Etwa könnte eine schwach ausgeprägte Kompetenzerwartung dazu führen, dass Lernprozesse als anstrengend antizipiert werden. Wenn dann eine mögliche Anstrengung als stark negativer Affekt erlebt wird, unterbricht dies die Umsetzung der Lernhandlung, für die in der Regel ein positiver Affekt benötigt wird. Dieses erste Aufschieben kann dann in einen regelrechten Teufelskreis der Prokrastination führen: Durch das Aufschieben der Lernprozesse kann sich die ursprüngliche Soll-Ist-Diskrepanz weiter vergrößern und steigert dann möglicherweise auch die Angst

vor negativen Konsequenzen, die damit auch wieder den negativen Affekt erhöht. Damit verstärkt sich wiederum die Blockade der Implementation von Lernprozessen. Der Ausstieg aus einem solchen Teufelskreis wird möglicherweise dadurch verhindert, dass sich andere Lern- und Handlungsalternativen in den Vordergrund schieben, deren Implementation mit weniger Anstrengung oder sogar mit besonderer Freude verknüpft ist, was ein Gefühl der kurzfristigen Entlastung schaffen kann. Gleichzeitig wachsen wiederum die Anforderungen und die Angst vor der größer werdenden Anstrengung, die dann möglicherweise sogar aktiv verdrängt werden muss. Auch Planungsprozesse können in einer solchen Situation oft nur wenig helfen oder sogar kontraproduktiv sein. Denn die Planung geht mit der Dämpfung von positiven Affekten einher und kann damit zur weiteren Prokrastination beitragen.

▶ Wege aus der Prokrastination: https://pp22.de/prokrastination

Die Zeitperspektive des Lernens

Schon bei der Besprechung der Rückkopplungsprozesse im ILHM sollte deutlich geworden sein, dass sich Lernprozesse aus verschiedenen zeitlichen Forschungsperspektiven beschreiben lassen. Aus analytischen Gründen werden an dieser Stelle drei verschiedene Zeitebenen definiert (siehe Abb. 6).

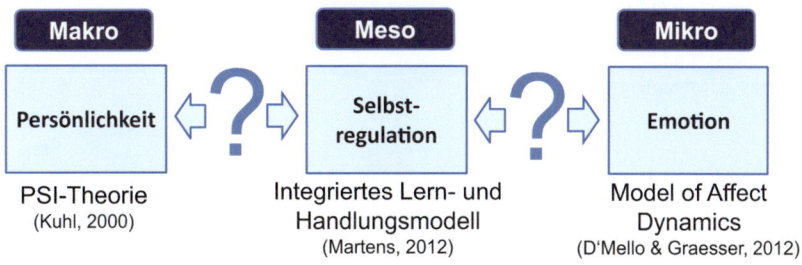

Abb. 6 Die zeitlichen Ebenen des Lernens

1. Ein Zeitrahmen auf **Mikroebene,** der direkte Lernprozesse beschreibt, die mit dem Lösen von Lernaufgaben und der Auflösung von Verwirrungen verbunden sind. Die Prozesse auf dieser Mikroebene können Sekunden oder Minuten dauern. Ein Beispiel für diese Art von Theorie ist das Model of Affect Dynamics (D'Mello & Graesser, 2012).
2. Ein Zeitrahmen auf der **Mesoebene,** der Prozesse widerspiegelt, die von den meisten Theorien des selbstregulierten Lernens beschrieben werden. Diese Prozesse auf der Mesoebene können sich über Minuten, Stunden, sogar Tage oder Wochen erstrecken. Ein Beispiel (von vielen) für diese Art von Theorie ist das eben beschriebene Integrierte Modell des Lernens und Handelns (Martens, 2012; Martens & Metzger, 2017).
3. Der Zeitrahmen der **Makroebene** umfasst Prozesse, die sich über Monate oder Jahre entwickeln und typischerweise von Persönlichkeitstheorien wie der PSI-Theorie (Kuhl, 2000, 2001) abgedeckt werden.

Die Mikro-Ebene des Lernens
Inhaltlich können Lernprozesse auf Mikro-Ebene etwa mit dem „Model of Affect Dynamics" von D'Mello & Graesser (2012) beschrieben werden. Ein erfolgreicher Lernprozess ist in diesem Modell die erfolgreiche Auflösung von Verwirrung, die dann in den Zustand von Engagement/Flow wechselt (siehe Abb. 7).

Eine Verwirrung, die nicht aufgelöst werden kann, führt umgekehrt zu Frustration. Ein wiederholtes Frustrationserleben kann dann schließlich zu Langeweile führen. Leider ist der Zusammenhang zwischen Mikro- und Mesoebene bisher

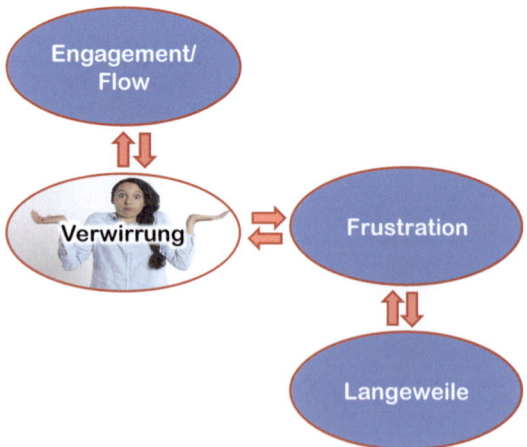

Abb. 7 Model of Affect Dynamics nach D'Mello & Graesser (2012) (Bildhintergrund: Pixabay – RobbinHiggins)

noch nicht hinreichend erforscht. Es kann allerdings angenommen werden, dass vor allem eine hoch ausgeprägte *Kompetenzerwartung* ein protektiver Faktor ist, der die Frustrationstoleranz systematisch erhöhen kann. Eine geringe oder vielleicht sogar negativ ausgeprägte Kompetenzerwartung führt zu einer niedrigen Frustrationstoleranz und damit zu einem schnelleren Abrutschen in die Langeweile.

Die Makro-Ebene des Lernens
Es gibt eine Reihe von Personenfaktoren, die Lernprozesse beeinflussen. Eine Perspektive, die schon im ILHM mitgedacht wurde, ist die Verknüpfung des selbstregulierten Lernens und Personeneigenschaften, die von der PSI-Theorie (Kuhl, 2000, 2001) beschrieben werden können. Eine schnelle Übersicht über den Einfluss dieser Personenfaktoren auf den Lernerfolg kann in der Datenbank von John Hattie gewonnen werden.

▶ Personenfaktoren nach Hattie: https://pp22.de/students

▶ Personenfaktoren nach Hattie in deutscher Übersetzung: https://pp22.de/lernende

Eine besondere Rolle spielen auf der Persönlichkeitsebene generalisierte Erwartungen, die durch eine spezifische Lernerfahrung geprägt worden sind und sich dann auf mehr und mehr andere Lernsituationen übertragen. Insbesondere stark negativ wahrgenommene Ereignisse können generalisierte Erwartungen erzeugen (siehe Fallbeispiel Hanna).

> ▶ **Fallbeispiel: Hanna und generalisierte Erwartungen**
> Hanna ist in der 11. Klasse einer gymnasialen Oberstufe und erbringt durchschnittliche Leistungen. Für die nächste Klausur im Fach Biologie übt Hanna – aus ihrer Sicht – besonders viel. Trotzdem erzielt Hanna in dieser Klausur nur die Note 4 und ist über dieses Ergebnis sehr enttäuscht. Hanna bildet nun die generalisierte Erwartung aus, dass es für sie keine mögliche Lernhandlung mehr gibt, mit der ein positives Klausurergebnis erzielt werden kann. Hanna beschließt daraufhin, den Zeitaufwand für die Vorbereitung auf zukünftige Biologieklausuren auf ein Minimum zu reduzieren. Da mit so einem geringen Arbeitsaufwand auch für die Zukunft mit keinen guten Klausurergebnissen gerechnet werden kann, hätte die generalisierte Erwartung in diesem Falle sogar die Wirkung einer sich selber erfüllenden Prophezeiung. Eine so ausgebildete Erwartung kann über viele Jahre bestehen bleiben.

Engagement & Transition

Grundlegend vollziehen sich Lernprozesse als Interaktion zwischen der lernenden Person und seinem Lernumfeld. Dabei kann aus der Personenperspektive eine Vorwärtsbewegung in die Welt hinein (Engagieren) und eine Rückwärtsbewegung in die Person zurück beschrieben werden (Transformation).

Beim *Engagieren* geht es darum, eine sich aus der Lernumwelt ergebende Herausforderung zu bewältigen. Wie bereits im ILHM ausgeführt, lässt sich das Engagement in drei groben Schritten beschreiben: Es muss Verantwortung übernommen werden, es muss eine passende Lern- und Handlungsstrategie ausgewählt werden und schließlich muss die Lernhandlung umgesetzt werden. Diese Lern- und Handlungsimplementation mündet im besten Falle in einer wahrnehmbaren Veränderung der Welt, eben einem Lernergebnis.

Bei der *Transformation* geht es darum, dass diese Wahrnehmung des Lernergebnisses eine Veränderung des Selbst auslösen sollte, also genau genommen eine Selbsttransformation. Während das Engagement auch mit negativen Affekten einhergehen kann, wie etwa Anstrengung oder auch einmal Frustration, so muss die Transformation mit einer Dämpfung von negativen Affekten eingeleitet werden. Wenn die Lernprozesse zunehmend leichtfallen oder sogar Spaß machen, dann kann ein erster Internalisierungsschritt beginnen: Man fühlt sich wohl bei der Bewältigung der jeweiligen Lernaufgabe und kann sich eine Wiederholung des spezifischen Lernprozesses gut vorstellen. Dann können zwei weitere grobe Schritte der Internalisierung folgen. Zunächst muss das positive Lernergebnis auf eine spezifische Lernhandlung oder Lernstrategie zurückgeführt werden. Die Lernenden müssen sich sicher werden, dass ihre persönliche Lernhandlung auch zu den gewünschten Resultaten führt. In der abschließenden Internalisierung sollte dann das Selbstkonzept des Lernenden transformiert werden. Die Lernenden sollten sich nun selbst eine entsprechende Expertise für das jeweilige Lernfeld zuschreiben.

Bei allen drei Schritten der Transformation ist es notwendig, dass ein Erleben in der Außenwelt als eigenes Empfinden internalisiert wird:

- Ein wiederholtes Gelingen sollte als Spaß und Leichtigkeit empfunden werden (1. Internalisierung).
- Ein sichtbares Handlungsergebnis in der Außenwelt sollte als eigene Kompetenz gefühlt werden (2. Internalisierung).
- Eine erlebbare Bewältigung der ursprünglichen Lernherausforderung (= der ursprünglichen Soll-Ist-Diskrepanz) sollte als Zuwachs der eigenen Expertise empfunden werden (3. Internalisierung).

Zusammenfassung

Das individuelle Lernen wird durch das Integrierte Lern- und Handlungsmodell (ILHM) in drei Hauptphasen beschrieben. In der *Motivierungsphase* wird eine grundlegende Motivation gebildet, eine Situation zu verändern. In der *Intentionsphase* wird die Intention für eine passende Lernhandlung gebildet, die die Ausgangssituation verändern kann und in der *Volitionsphase* wird diese Lernhandlung dann realisiert. Rückkopplungsprozesse wiederholen den primären Durchlauf des ILHM ganz oder teilweise. Zeitliche Perspektiven des Lernens sind die *Mikroebene,* die direkte Lernprozesse beschreibt, die mit dem Lösen von Lernaufgaben verbunden sind, die *Mesoebene,* die selbstreguliertes Lernen beschreibt wie das ILHM und die *Makroebene,* die sich über Monate oder Jahre entwickelt und typischerweise von Persönlichkeitstheorien abgedeckt wird. Die Konzepte des selbstregulierten Lernens sollten durch Internalisierungsprozesse ergänzt werden, die eine Transformation des Selbst bewirken können.

Reflexionsfragen

Wie können die drei Hauptphasen des Integrierten Lern- und Handlungsmodells (ILHM) charakterisiert werden?

Wie können die Rückkopplungsprozesse des ILHM für die Reflexion von Lernprozessen genutzt werden?

Wie könnte Prokrastination aus Sicht des ILHM erklärt werden?

Wie unterscheiden sich die unterschiedlichen Zeitperspektiven des Lernens?

Das Unmittelbare Lernumfeld: Familie und Peers

Das unmittelbare Lernumfeld, in das der Mensch hineingeboren wird, ist in der Regel die Familie. Die primären Bezugspersonen können für die Erfüllung der kindlichen Bedürfnisse sorgen, von denen das Kind zunächst existentiell vollkommen abhängig ist. Nimmt diese existentielle Abhängigkeit von den Bezugspersonen mit der Zeit ab, weitet sich auch der Orientierungsrahmen des Kindes: Die Freunde außerhalb der Kernfamilie, vor allem die gleichaltrigen Peers, werden immer wichtiger. Trotzdem sollten die Bezugspersonen auch bis ins Erwachsenenalter hinein eine gewisse Verankerung beibehalten (Omer, 2016). Vor allem die sozial-emotionale Unterstützung bei Misserfolgen von Lern- und Bildungsprozessen sollte auch bis ins mittlere Erwachsenenalter von den Bezugspersonen gegeben sein.

Familie

Aus der Sicht des aufwachsenden Kindes ist die Familie vor allem für die Erfüllung der eigenen Bedürfnisse wichtig, die sich im Laufe der Entwicklung stetig wandeln (siehe Tab. 1).

Gut untersucht sind hierbei vor allem die Mechanismen einer sicheren Bindung. Hierfür sollten die primären Bezugspersonen die kindlichen Signale 1) wahrnehmen, 2) richtig interpretieren können, 3) zeitnah reagieren (innerhalb von fünf bis acht Sekunden) und 4) angemessen reagieren. Auf diesem Nährboden der *elterlichen Sensitivität* (vgl. Zemp & Bodenmann, 2017) kann eine *sichere Bindung* des Kindes an die primären Bezugspersonen entwickelt werden, die viele

Tab. 1 Die altersabhängigen Bedürfnisse der Kinder (vereinfachte Darstellung nach Baumann et al., 2021)

Alter	Bedürfnisse
0–2	Schutz, Bindung
3–6	Bindung, Sicherheit, Schutz
6–11	Bindungsstabilität und Kontinuität in mehreren Lebensräumen
12–14	Eltern als Anker, Vorbilder

Lern- und Erfahrungsprozesse im späteren Leben erleichtert. Eine sichere Bindung kann das Mentalisieren sowie die Emotionsregulierung unterstützen und so den konstruktiven Umgang mit Frustration ermöglichen (Luyten & Fonagy, 2015).

Umgekehrt wird der Start ins Leben dramatisch erschwert, wenn von der Familie und den primären Bezugspersonen statt Schutz und Bindung *Gewalt* ausgeht. Für diesen Fall ist das Kind von der Evolution mit keinerlei Schutzmechanismen ausgestattet worden. Das Kind kann sich nach einer Gewalterfahrung in keiner Sekunde darauf verlassen, dass seine kommunikativen Fähigkeiten tragfähig sind (Baumann, 2012). Das Kind wird in einen dauerhaften Alarmzustand versetzt, der zu einem chronischen Stresszustand und sogar zu hirnorganisch sichtbaren Veränderungen führen kann (Entringer et al., 2016). Es muss davon ausgegangen werden, dass die Lern- und Bildungschancen von Kindern mit Gewalterfahrungen durch die eigene Familie (und natürlich auch durch Gewalterfahrungen in anderen Kontexten) erheblich und lange andauernd verringert werden (vgl. Goodman et al., 2012).

Für die weitere Entwicklung des Kindes ist die Haltung der primären Bezugspersonen zum Kind wichtig. Als besonders günstig hat sich hierbei ein *autoritativer Erziehungsstil* (Baumrind, 1971, 1991) mit einer hohen emotionalen Wärme und einer dem Alter angemessenen Grenzziehung herausgestellt: etwa als Prädiktor für den Schulerfolg (Pinquart, 2016).

Die familiäre Förderung von Lern- und Bildungsprozessen kann direkt oder indirekt erfolgen. Die *indirekte Förderung* durch den häuslichen Anregungsgehalt, wirkt sich positiv auf notwendige Vorläuferfähigkeiten aus, etwa wenn durch regelmäßiges Vorlesen der Wortschatz des Kindes systematisch vergrößert wird. Gleichzeitig wird der Anspruch an das Kind vermittelt, dass Bildung wichtig ist (*Bildungsaspiration,* vgl. Klapproth, 2022). Bei der *direkten Förderung* – so bei der Hausaufgabenhilfe – ist es wichtig, dass die Betreuung der Bezugspersonen vom Kind als unterstützend erlebt wird (Moroni et al., 2015). Dies kann etwa durch ein Übermaß an Kontrolle oder einer ausschließlichen Orientierung an Noten verletzt werden.

Peers

Im Laufe der kindlichen Entwicklung wird insbesondere die Interaktion mit den Gleichaltrigen *(Peers)* immer wichtiger. Neben sozialen Lernprozessen, z. B. beim Ausprobieren von sozialen Rollen, können die Peers oft eine andere Lernpartnerschaft einnehmen als die Bezugspersonen. Da sich Peers oft auf einem vergleichbaren Lernstand bewegen, können sie sich beim *wechselseitigen Lehren und Lernen* (WELL) gut unterstützen (Huber, 2007). Das Lernen in Gruppen findet damit genau in der Lernzone *(Zone of Proximal Development)* statt, in der Lernfortschritte durch die Interaktion mit anderen erreicht werden können (Vygotsky, 1978). Die Peers können sich durch minimale Hilfen *(Scaffolds)* gegenseitig unterstützen (Fernández et al., 2015) und damit ein höheres Lernpotenzial ausschöpfen. Prinzipiell kann die Lehrkraft hier eine ähnliche Rolle einnehmen, aber es fehlt oft die Zeit für eine individuelle Unterstützung und ohne zusätzliche Unterrichtstechniken, wie etwa dem *Formativen Assessment* (Black & Wiliam, 1998, 2009), kann eine Lehrkraft kaum bemessen, was der nächste sinnvolle Lernschritt für den einzelnen Lernenden sein könnte. Beim wechselseitigen Lehren und Lernen unter Peers, ist die Wahrscheinlichkeit groß, dass der nächste individuelle Lernschritt intuitiv unterstützt werden kann. Aber es gibt natürlich keine Garantie für den Erfolg von Gruppenarbeit.

▶Hindernisse effektiver Gruppenarbeit: https://pp22.de/gruppenarbeit

Zusammenfassung
Das unmittelbare Lernumfeld, in das der Mensch hineingeboren wird, ist in der Regel die Familie. Die primären Bezugspersonen können für die Erfüllung der kindlichen Bedürfnisse sorgen. Mit der Zeit weitet sich der Orientierungsrahmen des Kindes: Die Freunde außerhalb der Kernfamilie, vor allem die gleichaltrigen Peers, werden immer wichtiger. Auf dem Nährboden der *elterlichen Sensitivität* kann eine *sichere Bindung* des Kindes an die primären Bezugspersonen entwickelt werden, die viele Lern- und Erfahrungsprozesse im späteren Leben erleichtert. Gewalt hingegen kann zu chronischem Stress und verminderten Bildungschancen führen. Weiterhin können die Bezugspersonen durch einen *autoritativen Erziehungsstil* sowie die direkte und indirekte Förderung die weiteren Bildungsprozesse positiv beeinflussen. Mit

den Peers können soziale Lernprozesse eingeübt werden, und die Peers können sich im wechselseitigen Lehren und Lernen gegenseitig unterstützen.

Reflexionsfragen
Welche Bedürfnisse haben Kinder in Abhängigkeit vom Lebensalter?
   Was sind die Voraussetzungen für eine sichere Bindung?
   Was charakterisiert einen autoritativen Erziehungsstil?
   Wie können sich Peers beim Lernen gegenseitig unterstützen?

Lehr-Lernprozesse in Bildungsinstitutionen

Wie schon in der Einleitung ausgeführt, sollen in der Pädagogischen Psychologie die Lehr- und Lernprozesse im Rahmen von Bildungsinstitutionen untersucht werden. Ein Großteil dieser Studien beschäftigt sich mit dem Kontext Schule, auch wenn sich viele Erkenntnisse auf andere Bildungsinstitutionen übertragen lassen, so auf die Hochschulen. Vor allem in Deutschland lag der Fokus von Veränderungen im Bildungswesen auf thematischen Angeboten, etwa in Form von Bildungsplänen. Dieses hat sich erst mit dem sogenannten ‚Pisa-Schock' (vgl. Dedering et al., 2008) in Deutschland langsam etwas verändert. Es wurde nun wichtiger, welche Kompetenzen am Ende von Bildungsprozessen erreicht werden können. Diese sogenannte *Outputsteuerung* (vgl. Köller, 2009) hat auch dazu geführt, dass nun stärker die Lehr- und Lernprozesse untersucht werden, die zu entsprechenden Lernerfolgen führen.

▶ **Lernerfolg im Spiegel von Metaanalysen: John Hattie**
Der neuseeländische Bildungsforscher John Hattie hat eine umfangreiche Sammlung von Metaanalysen zum Lernerfolg angelegt, die er zu einer Meta-Metaanalyse verdichtet hat. Die unterschiedlichen Effekte werden Domänen zugeordnet, bspw. Schule, Klassenraum oder Lehrkräfte. Dabei werden die Effekte von verschiedenen Metaanalysen gemittelt. Als Vergleichsmaßstab für die Einordnung der Effektstärken verwendet Hattie den durchschnittlichen Lernzuwachs in einem Schuljahr (Hattie, 2023).

▶ Eine aktuelle Übersicht der gemittelten Effektstärken von John Hattie für den Lernerfolg findet sich hier: https://pp22.de/hattie

Die Übersicht von Hattie (2023) zeigt, dass Lehr- und Lernmaßnahmen, die sich direkt auf den Unterricht beziehen, etwa Feedback von der Lehrperson an den Lernenden viel stärker wirken als Maßnahmen, die nur indirekt auf das Unterrichtsgeschehen wirken, wie etwa kleine Klassengrößen. Wenn eine Unterrichtsform in einer großen Klasse durchgeführt wird und der exakt gleiche Unterricht in einer kleineren Klasse durchgeführt wird, werden sich die Schulleistungen kaum verbessern. Erst wenn die reduzierte Zahl der Lernenden auch für effektivere Lehr-Lernformen genutzt wird, so für individuelles Feedback zum Lernfortschritt, wird sich ein verbesserter Lernerfolg einstellen. Gute Rahmenbedingungen schaffen also potenziell die Grundlage für gelingende Lehr-Lernprozesse, sie müssen aber dann auch von der Lehrperson effektiv genutzt werden. Die Zahl an untersuchten Einflussgrößen, die die Qualität von Lehr-Lernprozessen beeinflussen können, ist sehr groß (Hattie, 2023). Und dabei sind in den meisten Studien Wechselwirkungen zwischen verschiedenen Einflussgrößen noch gar nicht erfasst worden.

Umgekehrt kann definiert werden, welche Anforderungen an gelingende Lehr-Lernprozesse gestellt werden müssen. Diese Anforderungen ergeben sich insbesondere aus der Bildungsforschung und den untersuchten Tiefenstrukturen.

Mit der Metapher des Eisbergs (siehe Abb. 1) wird beschrieben, dass bestimmte Angebote des Unterrichts direkt sichtbar sind, wie die Organisationsformen, die Methoden und die Sozialformen (vgl. Kunter & Trautwein, 2013). Da aber die Lehr-Lernprozesse, die für die Effektivität des Unterrichts verantwortlich sind, nicht auf den ersten Blick erkennbar sind, werden sie *Tiefenstrukturen* genannt (vgl. Klieme & Rakoczy, 2008). Einige der wichtigsten Tiefenstrukturen, wie die *Kognitive Aktivierung*, werden in den kommenden Abschnitten erläutert.

Zeitliche Rhythmisierung & Lernraum

Grundvoraussetzungen für tiefgreifende Lernprozesse sind eine unterbrechungsfreie Zeit und ein störungsfreier Lernraum. Beide Voraussetzungen sind nicht notwendigerweise im Klassenzimmer gegeben. Etwa nur 40 % der zur Verfügung stehenden Schulzeit wird für eine produktive Lernzeit genutzt (vgl. Molly & Weinstein, 2023), natürlich mit großen Unterschieden zwischen Klassen und Lehrkräften (vgl. Seidel & Shavelson, 2007). Aber auch eine ausreichende Lernzeit kann nur dann konstruktiv genutzt werden, wenn ein störungsfreier *Lernraum* zur Verfügung steht. Störungen durch andere Lernende im Schulkontext

Abb. 1 Sicht- und Tiefenstrukturen des Unterrichts als Eisberg (Bild: Pixabay – Naomi-Booth, Abbildung nach Trautwein et al., 2022)

oder durch Nutzung sozialer Medien zu Hause können den Lernprozess unterbrechen und zu hohen Selbstregulationskosten führen, wenn der ursprüngliche Lernprozess wieder aufgenommen werden muss.

Kognitive Aktivierung

Mit dem Potenzial zur kognitiven Aktivierung werden in der Bildungsforschung Lehr- und Lernprozesse beschrieben, die Lernende dazu anregen sollen, sich möglichst tiefgehend mit dem Lernobjekt zu beschäftigen (vgl. Klieme & Rakoczy, 2008). Wichtig für diese vertieften Lernprozesse ist eine möglichst passende Anknüpfung an Vorwissensstrukturen und die möglichen Lernpotenziale. Die Lernprozesse müssen möglichst so gestaltet werden, dass die Lernenden weder unter- noch überfordert werden und ggf. mit struktureller Hilfe den nächsten wichtigen Lernschritt machen (vgl. *Zone of Proximal Development, Vygotsky,*

1978). Zudem muss die strukturelle Lernunterstützung *(Scaffolding)* so beschaffen sein, dass sie schrittweise wieder zurückgenommen werden kann *(Fading).* Als Kriterium für gelungenes Lernen kann dann der Lernzuwachs gelten, der nach Abschluss des Lernprozesses ohne weitere Hilfe von außen durch die Lernenden erreicht werden kann (Wass & Golding, 2014).

▶ **Beispiel für Scaffolding und Fading**
Das Schreiben eines neuen und bisher unbekannten Buchstabens könnte unterstützt werden, indem zunächst die Umrandung des Buchstaben gezeigt wird, die den Schreibweg vorgibt *(Scaffolding).* Im nächsten Schritt könnte die Hilfe reduziert werden, indem statt der Umrandung Punkte verbunden werden müssen *(Fading).* Im nächsten Schritt fallen auch die Punkte weg, und der weiterhin sichtbare Buchstabe muss abgeschrieben werden *(Fading).* Im letzten Lernschritt muss der Buchstabe dann aus dem Kopf geschrieben werden *(Fading).*

Soziale Eingebundenheit

Die Erfüllung des Grundbedürfnisses ‚soziale Eingebundenheit' ist nach Ryan und Deci (2000; vgl. Ryan & Vansteenkiste, 2023) eine Voraussetzung für den Aufbau einer intrinsischen Motivation. Lernen ohne intrinsische Motivation ist zwar möglich, aber nur mit einem Gefühl großer Anstrengung und vermutlich auch mit einem größeren zeitlichen Aufwand (vgl. Metzger et al., 2012). Auf Klassenebene führt eine gute Beziehung zwischen Lehrenden und Lernenden zu einem verbesserten Klima und zur Verringerung der Störungen (Bolz et al., 2019; Cornelius-White, 2007). Hierbei ist vor allem der gegenseitige Respekt eine wichtige Komponente der sozialen Verbundenheit. Aus der Perspektive der Lernenden ist vor allem die sozial-emotionale Unterstützung in Notlagen sensu Fydrich et al. (2009) wichtig, etwa wenn ein sehr schlechtes schulisches Ergebnis verarbeitet werden muss. Dabei kommt es vor allem auf das Gefühl an, dass jemand anderes mich in einer emotionalen Notlage unterstützen könnte. Diese Person kann eine Bezugsperson sein, oder auch aus dem erweiterten Bekanntenkreis kommen. Aber diese Rolle können natürlich auch Vertrauenslehrkräfte im schulischen Kontext einnehmen.

Feedback geben

Eine sehr breit anwendbare Methode, um die Lernprozesse in vielen Unterrichtssituationen zu verbessern, ist das ‚Geben von Feedback'. Insbesondere auch dadurch, dass das Geben von Feedback sich mit vielen anderen Methoden problemlos kombinieren lässt. Eine gute Feedbackmethode ist das *Formative Assessment* (Black & Wiliam, 1998, 2009). Hierbei wird eine lernbegleitende *(formative)* und niederschwellige Messung *(Assessment)* des Lernfortschrittes vorgenommen. Diese Informationen werden genutzt, um den Lernenden ein Feedback zu geben, ob sie dem Lernziel nähergekommen sind. Besonders effektiv ist ein qualitatives Feedback, das darauf zielt, wie der nächste Lernschritt ganz konkret verbessert werden könnte (etwa Harks et al., 2014). Die durch das formative Assessment gesammelten Informationen können und sollten von der Lehrkraft genutzt werden, den Unterricht adaptiv anzupassen (vgl. Klieme & Warwas, 2011).

Feedback holen

Eine angemessene Steuerung der Lehr-Lernprozesse erfordert es, dass sich die Lehrperson ein systematisches Feedback der Lernenden einholt: etwa darüber, ob ein möglicher Arbeitsauftrag verstanden wurde oder wann ein bestimmtes Lernziel erreicht wurde. Dieses Feedback ist gerade auch dann wichtig, wenn eine Lerneinheit schon oft unterrichtet wurde. Es bewahrt die Lehrkraft außerdem vor der Illusion des sogenannten 7G-Unterrichts (alle gleichaltrigen Schüler haben zum gleichen Zeitpunkt bei der gleichen Lehrkraft im gleichen Raum mit den gleichen Mitteln das gleiche Ziel gut zu erreichen, vgl. Helmke, 2013). Eine erfahrene Lehrkraft kann sich im Präsenzunterricht mit wenigen Blicken an den Gesichtern der Lernenden orientieren, aber auch hier bleibt die Verlockung, sich nur an denen zu orientieren, die gut mitkommen. Eine besondere Herausforderung bleibt der Digitalunterricht, hier muss das Feedback viel systematischer eingeholt werden als im Präsenzunterricht.

▶Herausforderungen des digitalen Lernens: https://pp22.de/digitales-lernen

Selbstreguliertes Lernen unterstützen

Letztlich sollten schulische Lehr-Lernprozesse das sogenannte *selbstregulierte Lernen* unterstützen, wie dies zuvor mithilfe des Integrierten Lern- und Handlungsmodells (ILHM) bereits beschrieben wurde.

▶ Checkliste zur Unterrichtsverbesserung mit dem ILHM: https://pp22.de/ilhm

▶ **Faktoren eines wirksamen Schulunterrichts**
Auf den nachfolgenden Webseiten finden Sie systematische Hinweise für Wirkfaktoren des Schulunterrichts:
  ▶ Hinweise zum wirksamen Unterricht des Bildungsministeriums Baden-Württemberg: https://pp22.de/wirksamer-unterricht
  ▶ What Works Clearinghouse (USA) https://pp22.de/whatworks
  ▶ Teaching and Learning Toolkit (England): https://pp22.de/toolkit
  ▶ Clearinghouse Unterricht (Deutschland): https://pp22.de/clearinghouse

Zusammenfassung

In der Pädagogischen Psychologie werden die Lehr- und Lernprozesse vor allem im Rahmen von Bildungsinstitutionen untersucht. Ein Großteil dieser Studien beschäftigt sich mit dem Kontext Schule. Hierbei können *Sichtstrukturen,* wie Organisationsformen, Methoden und Sozialform sowie *Tiefenstrukturen* des Unterrichts unterschieden werden. Grundvoraussetzungen für tiefgreifende Lernprozesse sind: *zeitliche Rhythmisierung* und angemessener *Lernraum, kognitive Aktivierung, soziale Eingebundenheit, Feedback geben, Feedback holen* und die Unterstützung des *selbstregulierten Lernens*. Lernprozesse sollten so gestaltet werden, dass die Lernenden weder unter- noch überfordert werden. Hierfür ist eine strukturelle Lernunterstützung (Scaffolding) und die schrittweise Reduktion dieser Unterstützung (Fading) besonders wichtig. Wichtige empirische Befunde zu Unterricht und Lernerfolg werden in Metaanalysen gebündelt und auf verschiedenen Plattformen systematisch dargestellt.

Reflexionsfragen
Wie können tiefgreifende Lernprozesse im Unterricht besonders gefördert werden?
Wie kann die kognitive Aktvierung im Unterricht angeregt werden?
Wann ist die sozial-emotionale Unterstützung von Lernenden von Bedeutung?
Warum ist es wichtig, dass sich eine Lehrkraft regelmäßig Feedback holt?

Qualität von Bildungsinstitutionen

Wie müssen Bildungsinstitutionen gestaltet und geführt werden? Diese Frage charakterisiert die äußere Schicht im Rahmenmodell der Pädagogischen Psychologie (siehe Grafik in Kap. 1).

Zur Beantwortung dieser Frage soll zunächst der Begriff der Bildungsqualität aufgeschlüsselt werden. Nach Landwehr und Steiner (2007) können 1) Primärqualitäten und 2) Metaqualitäten unterschieden werden. *Primärqualitäten* der Bildung beziehen sich auf *Inputqualitäten* wie etwa personelle Voraussetzungen, Prozessqualitäten von Schule und Unterricht, wie sie im vorherigen Kapitel beschrieben worden sind und *Outputqualitäten,* wie etwa Lernergebnisse. *Metaqualitäten* beziehen sich auf die Steuerung und Strukturierung von Bildungsinstitutionen und beeinflussen damit auch indirekt die Primärqualitäten.

Das *schulische Qualitätsmanagement* zielt vor allem auf eine systematische Verbesserung dieser Metaqualitäten. Verschiedene Qualitätsmanagementsysteme unterscheiden sich hierbei in der Art ihres Vorgehens. Systeme mit einem weitestgehend festgelegten Kriteriensystem versuchen, die hieraus abgeleiteten Ziele möglichst direkt zu erreichen, etwa im Modell der European Foundation for Quality Management (EFQM, vgl. Osseo-Asare & Longbottom, 2002). Andere Systeme wie das *Q2E-System* (Qualität durch Evaluation und Entwicklung, vgl. Landwehr, 2015; Landwehr & Steiner, 2007) setzen eher auf eine spiralförmige Verbesserung der Qualität über die Zeit mit einer kontinuierlichen Anhebung der Qualitätsansprüche.

▶Eine ausführliche Beschreibung des Q2E-Modells und viele Materialien zum Download finden Sie hier: https://pp22.de/q2e

Abb. 1 Das Q2E-Handlungsmodell

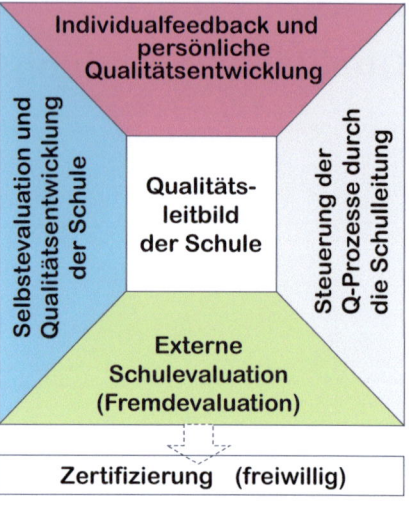

Ein gelingender Qualitätsmanagementprozess sollte berücksichtigen, dass die Bildungsinstitution Schule den Prinzipien eines *lose gekoppelten Systems* folgt (Weick, 2009). Die Lehrkraft bestimmt letztendlich, welcher Unterricht in der Klasse passiert. Auf den eigentlichen Unterricht hat das System Schule deshalb nur einen indirekten, mittelbaren Einfluss. Ein möglicher Qualitätsprozess muss deshalb die Autonomie der Lehrkräfte immer mit einbeziehen.

Im Q2E-Handlungsmodell (siehe Abb. 1) werden fünf Bausteine des Qualitätsmanagements beschrieben.

Individualfeedback im Qualitätsmanagement

Die Qualitätsprozesse nach Q2E starten oft mit der Einführung des Individualfeedbacks. Hierfür werden Lehrkräfte gesucht, die freiwillig eine Feedbackmethode ausprobieren und sich eine persönliche Rückmeldung zur Qualität ihres Unterrichts holen. Hierfür bieten sich nicht nur Methoden an, bei denen sich die Lehrkraft Rückmeldungen von den Lernenden holt, sondern auch Feedback von anderen Lehrkräften, etwa die *Hospitation* (vgl. Buhren, 2013) oder *Intervision* (vgl. Lippmann, 2013). Insbesondere beim Einholen des Feedbacks von den Lernenden ist es wichtig, dass diese Rückmeldung genutzt wird, um den Unterricht hinterher so zu verändern, dass die Wirksamkeit dieser Veränderung auch spürbar für die Lernenden ist. Jedes eingeholte Feedback ist gleichzeitig ein Versprechen für eine potenzielle Veränderung des Unterrichts. Langfristig wird die Beteiligung der Lernenden an Qualitätsprozessen sinken, wenn sich aus Rückmeldungen keine spürbaren Veränderungen ergeben. Die Methoden Hospitation oder Intervision können nicht nur dafür genutzt werden, den eigenen Unterricht der individuellen Lehrkraft zu verbessern, sondern wirken der Vereinzelung im Lehrberuf entgegen und können über das Gefühl der sozialen Eingebundenheit auch die Motivation der Lehrkräfte verbessern (vgl. Slemp et al., 2020).

Selbstevaluation der Schule

Für eine umfassende Qualitätsbetrachtung sollte die Schule Daten erheben, die sowohl schulinterne Prozesse als auch die Wirkung der Schule in die Gesellschaft hinein abbilden.

▶ **Mögliche Themen der Selbstevaluation einer Schule**

- Transparenz der Notengebung
- Wirksamkeit von Hausaufgaben
- Vernetzung von Ausbildungsbetrieben und Schule
- Ursachen und Modelle von Abwesenheiten
- Gesundheitsverhalten, etwa Rauchen
- Schulbeginn: Organisation und Information
- Prüfungsorganisation
- Funktion und Rollen der Lehrkräfte
- Einführung neuer Lehrpersonen
- Verbleibsuntersuchungen

Das Vorgehen bei einer Schulevaluation ähnelt hierbei dem Vorgehen einer wissenschaftlichen Untersuchung:

1. Klärung der Fragestellung,
2. Festlegung eines Evaluationsdesigns,
3. Durchführung,
4. Auswertung.

Die Interpretation der erhobenen Schuldaten sollte dann möglichst im ganzen Kollegium der Schule stattfinden. Und etwas anders als bei wissenschaftlichen

Untersuchungen sollten dann passende Maßnahmen abgeleitet werden und spürbar wirksam werden. Ein besonderer Fokus der Selbstevaluation liegt bei vielen Bildungsinstitutionen bei der Verbleibsuntersuchung als wichtige Outcomequalität: Können Bildungswege erfolgreich fortgesetzt werden oder kann vielleicht sogar ein erfolgreicher Berufseinstieg gelingen?

Steuerung der Qualitätsprozesse durch die Schulleitung

Eine wichtige Voraussetzung für gelingende Qualitätsprozesse ist das Engagement der Schulleitung. Für die anstehenden Qualitätsprozesse sollte die Schulleitung eine sogenannte Q(ualitäts)-Steuergruppe einberufen, in der möglichst alle Statusgruppen (Leitung, Lehrkräfte, Lernende, Service und Elternrat) einer Schule vertreten sind. Diese Q-Steuergruppe kann für das Qualitätsmanagement wichtige Querschnittsaufgaben wahrnehmen und mit allen Statusgruppen der Schule kommunizieren. Die Q-Steuergruppe gestaltet und initiiert die Qualitätsmaßnahmen und dokumentiert diese transparent und abrufbar. Im besten Falle wird die Q-Steuergruppe von der Schulleitung und allen Statusgruppen bei ihren Qualitätsbemühungen unterstützt. Eine gut funktionierende Q-Steuergruppe ist der Motor der Qualitätsprozesse an einer Schule.

Leitbild

Die Entwicklung eines Leitbildes dient der Kommunikation von langfristigen Zielen der Schulentwicklung nach außen und nach innen. Im besten Fall sollte aus dem Leitbild eine persönliche Verpflichtung für alle Statusgruppen einer Schule (oder Bildungsinstitution) entstehen. Es bietet sich etwa an, einen pädagogischen Arbeitstag sorgfältig zu planen, in dem konkrete Ansprüche einer Schule entwickelt werden. Die Einbettung der Leitbildentwicklung in den gesamten Qualitätsprozess hängt von den Bedingungen der einzelnen Schulen ab. In der Regel bietet es sich an, das Leitbild dann zu formulieren, wenn alle Beteiligten schon erste Erfahrungen mit dem Qualitätsmanagement gemacht haben und sich auf praxisgerechte Ziele einigen können.

Externe Evaluation einer Schule

Ein gut laufender Qualitätsprozess sollte sich alle zwei bis drei Jahre um Informationen von einer Außenperspektive aus bemühen. Hierfür wurde das Instrument der externen Evaluation erschaffen (Landwehr & Steiner, 2007). Ein Q2E-geschulter Berater und sogenannte Peers – in der Regel Lehrkräfte aus benachbarten Schulen – führen dabei einen zwei- bis dreitägigen Schulbesuch durch. Es werden alle Statusgruppen mit halbstandardisierten Interviews oder Ratingkonferenzen befragt. Diese Datensammlung kann mit standardisierten Befragungen ergänzt oder auch teilweise durch diese ersetzt werden. Das Evaluationsteam wertet dann zeitnah diese Daten und auch die Dokumentation der Qualitätsprozesse durch die Schule aus. Es werden hierbei ausschließlich Datenpunkte berücksichtigt, die mindestens von zwei unabhängigen Quellen bestätigt werden können, etwa von Lehrkräften *und* Lernenden. Dieses Prinzip der Datentriangulation schützt vor Verzerrungen durch extreme Einzelmeinungen. Die beiden wichtigsten Auswertungsschritte sind dann die Verdichtung zu Kernaussagen und die Einordnung in die Q2E-Bewertungstabelle. Dabei werden die Qualitätskomponenten Steuerung, Individualfeedback und Selbstevaluation auf ihre Praxisgestaltung, die Wirkung und Wirksamkeit sowie institutionelle Einbindung bewertet (siehe Tab. 1).

In der Regel wird das Evaluationsergebnis im Rahmen einer Konferenz vorgestellt und insbesondere mit den Lehrkräften der Schule diskutiert. Im besten

Tab. 1 Einstufung der Praxisgestaltung nach Q2E an einer fiktiven Schule

	Steuerung der Qualitätsprozesse	Individualfeedback und individuelle Qualitätsentwicklung	Selbstevaluation, Schulentwicklung
Praxis-gestaltung	Die Schulleitung und die Qualitätsleitung haben das Qualitätsmanagement gezielt aufgebaut, verschiedene Instrumente sind erstellt und mit dem Kollegium erprobt.	Die überwiegende Mehrheit der Lehrpersonen holt regelmäßig Feedback ein und nutzt es zur Optimierung. Es ist noch eine gewisse Vielfalt der Formen zu entwickeln.	Es werden regelmäßig Evaluationen durchgeführt. Es sind Ansätze einer systematischen Evaluationspraxis sichtbar, das methodische Repertoire und die Evaluationsthemen sind noch begrenzt.

Falle sollen die Ergebnisse der externen Evaluation neue Impulse für die Qualitätsentwicklung bringen. Schulleitung und Q-Steuergruppe können dann auf dieser Datengrundlage überlegen und schließlich entscheiden, welche Veränderungen oder Maßnahmen bei den zukünftigen Qualitätsprozessen ergriffen werden können.

Zusammenfassung
Bildungsinstitutionen sollten so geführt werden, dass Primärqualitäten und Metaqualitäten gleichermaßen berücksichtigt werden. *Primärqualitäten* der Bildung beziehen sich auf Inputqualitäten, Prozessqualitäten von Schule und Unterricht, und Outputqualitäten. *Metaqualitäten* beziehen sich auf die Steuerung und Strukturierung von Bildungsinstitutionen und beeinflussen damit auch indirekt die Primärqualitäten. Das *schulische Qualitätsmanagement* zielt vor allem auf eine systematische Verbesserung der Metaqualitäten. Bei dem System *Qualität durch Evaluation und Entwicklung* (Q2E) stehen fünf Qualitätsbereiche im Fokus: Individualfeedback, Selbstevaluation, Steuerung der Qualitätsprozesse und Leitbildentwicklung. Die Einführung von Q2E startet in der Regel mit der Einführung des Individualfeedbacks. Alle zwei bis drei Jahre kann eine externe Evaluation eine wichtige Außenperspektive für die Weiterentwicklung des Q2E-Systems an einer Schule sein.

Reflexionsfragen
Wie unterscheiden sich Primär- und Metaqualitäten an einer Schule?
  Welche Komponenten des Qualitätsmanagements können unterschieden werden?
  Was sind wichtige Themen der Selbstevaluation einer Schule?
  Welche Rolle nimmt die Qualitäts-Steuergruppe ein?

Perspektiven der Pädagogischen Psychologie

Methodische Perspektiven der Pädagogischen Psychologie

Die Forschungsmethoden der Pädagogischen Psychologie haben sich in den letzten Jahren stark erweitert, insbesondere durch die lernbegleitende Erfassung von Lernverhalten, so durch die Hilfe von Eye Tracking (vgl. Jarodzka et al., 2021) oder der Aufzeichnung von interaktivem Verhalten in Echtzeit (vgl. Ifenthaler & Drachsler, 2020). Für diese Art von Verlaufsdaten wurde die Forschungsgruppe (Special Interest Group) 27 „Online Measures of Learning Processes" der European Association for Learning and Instruction (EARLI) 2014 gegründet. Durch diese Art der Datenerhebung wird es vor allem möglich, die Prozessgestalt des Lernens besser zu verstehen, etwa ob Verwirrung erfolgreich aufgelöst werden konnte oder nicht.

Durch die gleichzeitige Betrachtung von mehreren Datenquellen steigt auch die Verlässlichkeit der empirischen Ableitungen, deshalb ist die Berücksichtigung mehrerer Datenquellen in den anspruchsvollen Journals der Pädagogischen Psychologie, wie dem Journal „Learning and Instruction" mehr oder weniger zum Standard geworden. Andere Journals wie die „Frontline Learning Research" wurden explizit mit dem Anspruch gegründet, neuen Forschungsparadigmen und eben auch neuen Forschungsmethoden einen entsprechenden Resonanzraum zu geben. Eine besondere Herausforderung für die Verschmelzung der unterschiedlichen Datenquellen sind die unterschiedlichen Zeitrahmen und insbesondere die unterschiedlichen Zeitintervalle, mit denen die jeweiligen Daten aufgezeichnet werden können. Physiologische Daten wie die Hautleitfähigkeit, die Herzfrequenz oder das Elektrokardiogramm können mit einer sehr hohen Frequenz aufgezeichnet

Tab. 1 Zeitrahmen, Datentypen und Messinstrumente

Datentypen	Mögliche Messinstrumente und Indikatoren
Mikroebene	
Physiologische Daten	Hautleitfähigkeit, Herzfrequenz, Elektroenzephalografie (EEG)
Kurzfragebögen *(Experience Sampling)*	Spannung, Interesse, affektive Zustände
Videorating	Verwirrung aufgelöst
Einschätzung des eigenen Verhaltens mithilfe von Videoaufzeichnung *(Retrospective Judgement)*	Affektive Zustände, etwa Verwirrung
Verhaltensdaten	Logdaten, Eye Tracking, Mausbewegung, Tastaturanschläge
Sprache	Dialoge, lautes Denken
Mesoebene	
Verhaltensdaten	Logdaten, Mausbewegung, Tastaturanschläge
Selbstberichte	Befragungen, Interviews
Makroebene	
Selbstberichte	Befragungen, Interviews

werden. Eine Übersicht über die verschiedenen Datentypen auf drei zeitlichen Ebenen zeigt die nachfolgende Tab. 1.

Die Verknüpfung dieser verschiedenen Datenquellen ist mit großen methodologischen und theoretischen Herausforderungen verbunden. Wenn allerdings diese Schwierigkeiten gelöst werden können, dann eröffnet sich ein großes Potenzial, den Erkenntnisraum der Pädagogischen Psychologie in den nächsten Jahren und Jahrzehnten systematisch zu erweitern. Viele Phänomene, die bisher noch unverbunden und isoliert voneinander betrachtet worden sind, können so möglicherweise in einem gemeinsamen Datenmodell untersucht werden. Insbesondere Rückkopplungsprozesse, wie sie etwa bei der Entstehung von Prokrastination vermutet werden, können dann empirisch besser abgesichert werden.

Theoretische Perspektiven der Pädagogischen Psychologie

Wie es in diesem Buch schon exemplarisch versucht wurde, wäre es wünschenswert, wenn Theorien der Pädagogischen Psychologie noch viel stärker als bisher miteinander verzahnt werden könnten. Noch immer ist auf wissenschaftlichen Kongressen der Pädagogischen Psychologie und der empirischen Bildungsforschung eine gewisse Distanz zwischen verschiedenen theoretischen Schulen zu beobachten. Fehlende empirische Erklärungskraft wird dann gerne mit unzulänglichen Messinstrumenten interpretiert, anstatt den eigenen theoretischen Blickwinkel zu weiten. Dies gilt etwa für Forschungsarbeiten zur Metakognition, die motivationale Regulationsprozesse nur zögerlich berücksichtigen. Insgesamt können fünf Ansprüche an eine Theorie der Pädagogischen Psychologie (Martens, 2000) gestellt werden (Abb. 1).

Hierbei kann vor allem die Anforderung ‚Ableitung von Interventionen' hervorgehoben werden: Theorien sind besonders dann für die Weiterentwicklung von Interventionen wichtig, wenn nicht jeder Modifikationsschritt empirisch abgesichert werden kann, etwa wenn die Übertragung auf neue Zielgruppen sofort gelingen soll.

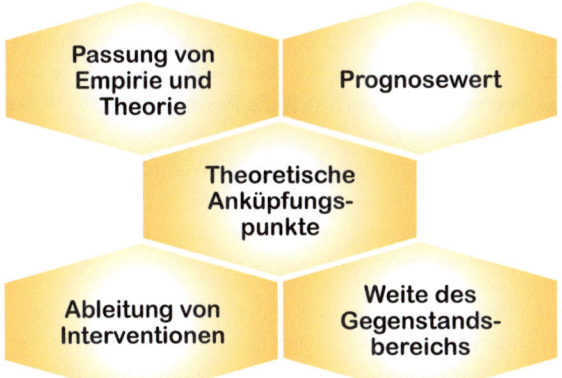

Abb. 1 Ansprüche an eine Theorie der Pädagogischen Psychologie

Die Praxis der Pädagogischen Psychologie

Interventionen der Pädagogischen Psychologie

Interventionen der Pädagogischen Psychologie orientieren sich an bereits bestehenden Theorien und Befunden und können nicht immer auf dem aktuellen Stand der Wissenschaft sein. Etwa theoretische Konzepte zur Volitionsphase sind in viele Interventionsprogramme noch gar nicht inkorporiert worden, obwohl die Ideen und Befunde hierzu seit Heckhausen und Gollwitzer (1987) mit zunehmender Frequenz veröffentlicht wurden. Dieser Zeitversatz zwischen Wissenschaft und Praxis könnte verkleinert werden, wenn Grundlagen- und Anwendungsforschung enger zusammenarbeiten würden. Dies wird unter anderem dadurch erschwert, dass viele Interventionen der Pädagogischen Psychologie in bereits bestehenden, festen Gruppen durchgeführt werden, so im Klassenverbund. Ein Vergleich mit einer Kontrollgruppe ist nun nur noch bedingt möglich, weil keine randomisierte Zuordnung zu Experimental- und Kontrollgruppe vorgenommen werden kann. In einem solchen Quasiexperimentellen Design können mögliche Störeffekte, wie zwischenzeitliche Reifungseffekte, nicht mehr vollständig kontrolliert werden. Aus wissenschaftlicher Perspektive macht dies eine Erforschung weniger attraktiv. Ein weiteres Hindernis für die wissenschaftliche Evaluation ist die angestrebten Wirkzeit: Für die meisten Interventionen wäre eine Wirkdauer über viele Jahre wünschenswert. Forschungsarbeiten, die im begrenzten Zeitrahmen von Abschluss- und Qualifikationsarbeiten entstehen, können solche Zeiträume kaum abdecken. Selbst bei einer überzeugenden wissenschaftlichen Evaluation von Interventionen stellt sich die Frage, wie dieser Wissenstand in die Praxis vermittelt werden kann.

Eine Empfehlungsliste mit evaluierten Präventionsprogrammen kann hier eingesehen werden:

▶ Grüne Liste Prävention https://pp22.de/gruene-liste

Insgesamt verbleiben Lücken in der systematischen Vermittlung von wissenschaftlichen Wissensinhalten der Pädagogischen Psychologie in die Praxis. Etwa gibt es keine deutsche Vermittlungsstelle, die Erkenntnisse über die Effektivität der Methoden der Hochschullehre systematisch vermittelt.

Berufs- und Aufgabenfelder der Pädagogischen Psychologie

Die Berufs- und Aufgabenfelder beziehen sich auf alle Ebenen des *Rahmenmodells* der Pädagogischen Psychologie:

1. *Pädagogische Diagnostik und Beratung* von individuellen Lernprozessen,
2. *Bildungsevaluation und -beratung*, die auf die datengestützte Verbesserung von Systemen und Institutionen zielt,
3. *Fort- und Weiterbildung* in Wirtschaft, Verbänden und privaten Bildungsträgern,
4. *Schulpsychologischer Dienst*
5. *Forschung*, die sowohl Grundlagenforschung als auch angewandte Forschung bei der Evaluation von Interventionen und Programmen umfasst.

Die Arbeitsaufgaben in der Praxis sind entsprechend breit gefächert und werden bei Dickhäuser und Spinath (2023) mithilfe von Interviews exemplarisch beschrieben und sind dort auch als frei zugängliche Videos abrufbar.

Das wohl bekannteste Berufsfeld ist hierbei die *Schulpsychologie*, die nach Drewes und Seifried (2021) wiederum drei Aufgabenbereiche beinhaltet:

1. *Individuelle Beratung*, die den einzelnen Schülerinnen und Schülern mithilfe schulpsychologischer Diagnostik, Beratung und Intervention in der schulischen Lernsituation unterstützt sowie Eltern und Lehrkräfte dazu berät, etwa zur Lernmotivation,
2. *Systembezogene Angebote* und Maßnahmen für Klassen, Lehrkräfte, Kollegien, Schulen und Institutionen, die z. B. Coaching und Supervision, Fortbildungen und Angebote zu Gesundheit der Lehrkräfte beinhalten,
3. *Mitarbeit in Projektgruppen* und Gremien im Bildungsbereich, Vernetzung mit anderen Berufsgruppen, sowie Forschung und Evaluation.

Das wohl am wenigsten bekannte Berufsfeld der Pädagogischen Psychologie ist sicherlich die Mitarbeit in der *Bildungsadministration*. So werden am Institut für Bildungsmonitoring und Qualitätsentwicklung (IFBQ) in Hamburg Daten und wissenschaftliche Dienstleistungen für die Entwicklung des Schulsystems erbracht (Tränkmann & Diedrich, 2023), bei denen psychologische Fachkompetenzen in allen Arbeitsbereichen notwendig sind.

Die Berufschancen für Studierende der Psychologie halte ich in allen Feldern der Pädagogischen Psychologie für ausgesprochen gut.

▶ Interviews zu den Berufsfelder der Pädagogischen Psychologie: https://pp22.de/berufsfelder

Zusammenfassung
Die Forschungsmethoden der Pädagogischen Psychologie haben sich in den letzten Jahren stark erweitert, insbesondere durch die lernbegleitende Erfassung von Lernverhalten, etwa durch Eye Tracking. Die Verknüpfung unterschiedlicher Datenquellen ist mit Herausforderungen verbunden, bietet aber großes Potenzial für zukünftige Erkenntnisse. Eine gute Theorie der Pädagogischen Psychologie sollte neben Passung und Prognose auch die theoretischen Anknüpfungspunkte, die Ableitung von Interventionen und die Weite des Gegenstandsbereiches berücksichtigen. Der Zeitversatz zwischen Wissenschaft und Praxis, insbesondere bei der Entwicklung von Interventionen, könnte verkleinert werden, wenn Grundlagen- und Anwendungsforschung enger zusammenarbeiten würden. Berufs- und Aufgabenfelder in der Pädagogischen Psychologie umfassen Diagnostik, Bildungsevaluation, Fort- und Weiterbildung, schulpsychologische Dienste sowie Forschung. Die Berufschancen in allen Feldern sind vielversprechend.

Reflexionsfragen
Welche Datentypen werden in der Pädagogischen Psychologie erfasst?
Was macht eine gute Theorie der Pädagogischen Psychologie aus?
Was wäre für eine wissenschaftlich fundierte Entwicklung von Interventionen wichtig?
Welche Berufsfelder der Pädagogischen Psychologie gibt es?

Weiterführende Links für das Buch Pädagogische Psychologie

- Übersicht aller **Links** für dieses Buch: https://pp22.de/links
- Die wichtigsten **Fachbegriffe** dieses Buch finden Sie unter https://pp22.de/fachbegriffe
- Eine Übersicht über die Institutionen der Bildungsforschung findet sich auf dem Fachportal Pädagogik: https://pp22.de/institutionen
- Alle **Reflexionsfragen** dieses Buches und entsprechende Musterantworten finden Sie unter: https://pp22.de/reflexionen
- Warum ist der Behaviorismus bis heute erfolgreich? https://pp22.de/behaviorismus
- Eine neue Lernhandlung im Sinne des ILHM: https://pp22.de/lernhandlung
- Welche Verdrängungsprozesse gibt es? https://pp22.de/verdraengung
- Eigenschaften der Kompetenzerwartung: http://pp22.de/kompetenzerwartung
- Welcher Motivationstyp bin ich? https://pp22.de/motivationstyp
- Förderung der Lernmotivation durch Lerntagebücher: https://pp22.de/lerntagebuch
- Wege aus der Prokrastination: https://pp22.de/prokrastination
- Personenfaktoren nach Hattie: https://pp22.de/students
- Personenfaktoren nach Hattie in deutscher Übersetzung: https://pp22.de/lernende
- Hindernisse effektiver Gruppenarbeit: https://pp22.de/gruppenarbeit
- Eine aktuelle Übersicht der gemittelten Effektstärken von John Hattie für den Lernerfolg findet sich hier: https://pp22.de/hattie
- Eine hilfreiche deutsche Übersicht über Metaanalysen für den schulischen Lernerfolg der TU München findet sich hier: https://pp22.de/clearinghouse
- Herausforderungen des Digitalen Lernens: https://pp22.de/digitales-lernen
- Checkliste zur Unterrichtsverbesserung mit dem ILHM: https://pp22.de/ilhm
- Hinweise zum wirksamen Unterricht des Bildungsministeriums Baden-Württemberg: https://pp22.de/wirksamer-unterricht
- What Works Clearinghouse (USA) https://pp22.de/whatworks
- Teaching and Learning Toolkit (England): https://pp22.de/toolkit
- Clearinghouse Unterricht (Deutschland): https://pp22.de/clearinghouse
- Eine ausführliche Beschreibung des Q2E-Modells und viele Materialien zum Download finden Sie hier: https://pp22.de/q2e
- Grüne Liste Prävention https://pp22.de/gruene-liste
- Interviews zu den Berufsfelder der Pädagogischen Psychologie: https://pp22.de/berufsfelder

Literatur

Bandura, A. (1977). Self-efficacy: Toward a unifying theory of behavioral change. *Psychological Review, 84*(2), 191–215. https://doi.org/10.1037/0033-295X.84.2.191.

Bandura, A. (1986). *Social foundations of thought and action: A social cognitive theory.* Prentice-Hall.

Baumann, M. (2012). Die kindliche Hirnentwicklung unter den Bedingungen von Gewalt und Misshandlung. In G. C. Schulze & A. Zieger (Hrsg.), *Erworbene Hirnschädigungen– Neue Herausforderungen an eine interdisziplinäre Rehabilitationspädagogik* (S. 136–146). Julius Klinkhardt. https://www.researchgate.net/publication/361073196.

Baumann, M., Berghäuser, A., Bolz, T., & Martens, T. (2021). Den Fokus neu denken – Skizze eines Pandemiemanagements auf Grundlage der Bedürfnisse und Lern- und Entwicklungserfordernissen von Kindern, Jugendlichen und Familien. *socialnet.de.* https://www.researchgate.net/publication/348943775. Zugegriffen: 7. Juni 2024.

Baumrind, D. (1971). Current patterns of parental authority. *Developmental Psychology, 4*, 1–103. https://doi.org/10.1037/h0030372.

Baumrind, D. (1991). The influence of parenting style on adolescent competence and substance use. *The Journal of Early Adolescence, 11*(1), 56–95. https://doi.org/10.1177/0272431691111004.

Black, P., & Wiliam, D. (1998). Assessment and classroom learning. *Assessment in Education: Principles, Policy & Practice, 5*(1), 7–74. https://doi.org/10.1080/0969595980050102.

Black, P., & Wiliam, D. (2009). Developing the theory of formative assessment. *Educational Assessment, Evaluation and Accountability (Formerly: Journal of Personnel Evaluation in Education), 21*(1), 5. https://doi.org/10.1007/s11092-008-9068-5.

Bolz, T., Wittrock, M., & Koglin, U. (2019). Schüler-Lehrer-Beziehung aus bindungstheoretischer Perspektive im Förderschwerpunkt der emotionalen und sozialen Entwicklung. *Zeitschrift für Heilpädagogik, 70*(11), 560–571.

Breland, K., & Breland, M. (1961). The misbehavior of organisms. *American Psychologist, 16*(11), 681–684. https://doi.org/10.1037/h0040090.

Buhren, C. G. (2013). Kollegiale Hospitation. In S. G. Huber (Hrsg.), *Handbuch Führungskräfteentwicklung: Grundlagen und Handreichungen zur Qualifizierung und Personalentwicklung im Schulsystem* (S. 401–412). Carl Link.

Cornelius-White, J. (2007). Learner-centered teacher-student relationships are effective: A meta-analysis. *Review of Educational Research, 77*(1), 113–143. https://doi.org/10.3102/003465430298563.

D'Mello, S., & Graesser, A. (2012). Dynamics of affective states during complex learning. *Learning and Instruction, 22*(2), 145–157. https://doi.org/10.1016/j.learninstruc.2011.10.001.

Dedering, K., Kneuper, D., Kuhlmann, C., & Nessel, I. (2008). *PISA als bildungspolitisches Ereignis: Fallstudien in vier Bundesländern* (Bd. 43). Springer.

Degner, J., Mangels, A., & Bodansky, A. (2024). *Sozialpsychologie: Ein Überblick für Psychologiestudierende und -interessierte.* Springer.

Dickhäuser, O., & Spinath, B. (Hrsg.). (2023). *Berufsfelder der Pädagogischen Psychologie* (2. Aufl.). Springer. https://doi.org/10.1007/978-3-662-65879-6.

Dillenbourg, P. (1999). What do you mean by collaborative learning? In P. Dillenbourg (Hrsg.), *Collaborative-learning: Cognitive and computational approaches.* (S. 1–19). Elsevier. https://telearn.hal.science/hal-00190240.
Drewes, S., & Seifried, K. (2021). Aufgaben und Organisationsformen der Schulpsychologie in Deutschland. In *Handbuch Schulpsychologie. Psychologie für die Schule* (3. Aufl., S. 42–55). Kohlhammer. https://doi.org/10.17433/978-3-17-039787-3.
Dulisch, F. (1986). *Lernen als Form menschlichen Handelns. Eine handlungstheoretisch orientierte Analyse von Lernprozessen unter besonderer Berücksichtigung des Selbststeuerungsaspektes.* Thomas Hobein.
Endrass, T., & Riesel, A. (2022). Klinische Psychologie und Psychotherapie: Ein Überblick für Psychologiestudierende und -interessierte. *Springer.* https://doi.org/10.1007/978-3-662-65740-9.
Entringer, S., Buss, C., & Heim, C. (2016). Frühe Stresserfahrungen und Krankheitsvulnerabilität. *Bundesgesundheitsblatt, Gesundheitsforschung, Gesundheitsschutz, 59*(10), 1255. https://doi.org/10.1007/s00103-016-2436-2.
Fernández, M., Wegerif, R., Mercer, N., & Rojas-Drummond, S. (2015). Re-conceptualizing "scaffolding" and the zone of proximal development in the context of symmetrical collaborative learning. *The Journal of Classroom Interaction, 50*(1), 54–72. https://files.eric.ed.gov/fulltext/EJ1100363.pdf.
Fydrich, T., Sommer, G., Tydecks, S., & Brähler, E. (2009). Fragebogen zur sozialen Unterstützung (F-SozU): Normierung der Kurzform (K-14) *Zeitschrift für Medizinische Psychologie, 18,* 43–48.
Gawrilow, C., Guderjahn, L., & Gold, A. (2022). *Störungsfreier Unterricht trotz ADHS: Mit Kindern und Jugendlichen Selbstregulation trainieren – Ein Manual für Lehrkräfte* (3., aktualisierte Aufl.). Reinhardt.
Gerstenmaier, J., & Mandl, H. (1995). Wissenserwerb unter konstruktivistischer Perspektive. *Zeitschrift für Pädagogik, 41*(6), 867–888. https://doi.org/10.25656/01:10534.
Goodman, R. D., Miller, M. D., & West-Olatunji, C. A. (2012). Traumatic stress, socioeconomic status, and academic achievement among primary school students. *Psychological Trauma: Theory, Research, Practice, and Policy, 4*(3), 252. https://doi.org/10.1037/a0024912.
Greene, T. R., & Noice, H. (1988). Influence of positive affect upon creative thinking and problem solving in children. *Psychological Reports, 63*(3), 895–898. https://doi.org/10.2466/pr0.1988.63.3.895.
Guay, F. (2022). Applying self-determination theory to education: Regulations types, psychological needs, and autonomy supporting behaviors. *Canadian Journal of School Psychology, 37*(1), 75–92. https://doi.org/10.1177/0829573521105535.
Harks, B., Rakoczy, K., Hattie, J., Besser, M., & Klieme, E. (2014). The effects of feedback on achievement, interest and self-evaluation: The role of feedback's perceived usefulness. *Educational Psychology, 34*(3), 269–290. https://doi.org/10.1080/01443410.2013.785384.
Hattie, J. (2023). *Visible learning: The sequel: A synthesis of over 2,100 meta-analyses relating to achievement. Routledge.* https://doi.org/10.4324/9781003380542.
Heckhausen, H. (1977). Motivation: Kognitionspsychologische Aufspaltung eines summarischen Konstrukts. *Psychologische Rundschau, 28,* 175–289.

Heckhausen, H., & Gollwitzer, P. M. (1987). Thought contents and cognitive functioning in motivational versus volitional states of mind. *Motivation and Emotion, 11*(2), 101–120. https://doi.org/10.1007/BF00992338.

Helmke, A. (2013). Individualisierung: Hintergrund, Missverständnisse, Perspektiven. *Pädagogik*(Themenheft 2), 34–37.

Holzkamp, K. (1993). *Lernen – Subjektwissenschaftliche Grundlegung*. Campus.

Hoppe-Graff, S. (2014). Denkentwicklung aus dem Blickwinkel des strukturgenetischen Konstruktivismus. In L. Ahnert (Hrsg.), *Theorien in der Entwicklungspsychologie* (S. 148–173). Springer. https://doi.org/10.1007/978-3-642-34805-1_6.

Huber, A. A. (2007). *Wechselseitiges Lehren und Lernen (WELL) als spezielle Form kooperativen Lernens*. Logos.

Ifenthaler, D., & Drachsler, H. (2020). Learning analytics. In H. Niegemann & A. Weinberger (Hrsg.), *Handbuch Bildungstechnologie: Konzeption und Einsatz digitaler Lernumgebungen* (S. 515–534). Springer. https://doi.org/10.1007/978-3-662-54368-9_42.

Jarodzka, H., Skuballa, I., & Gruber, H. (2021). Eye-tracking in educational practice: Investigating visual perception underlying teaching and learning in the classroom. *Educational Psychology Review, 33*(1), 1–10. https://doi.org/10.1007/s10648-020-09565-7.

Klapproth, F. (2022). Familie und Bildungsaspirationen. In A. Schierbaum & J. Ecarius (Hrsg.), *Handbuch Familie: Band II: Erziehung, Bildung und pädagogische Arbeitsfelder* (S. 443–461). Springer Fachmedien. https://doi.org/10.1007/978-3-658-19843-5_11.

Klieme, E., & Rakoczy, K. (2008). Empirische Unterrichtsforschung und Fachdidaktik. Outcome-orientierte Messung und Prozessqualität des Unterrichts. *Zeitschrift für Pädagogik, 54*(2), 222–237. https://www.researchgate.net/publication/277164878.

Klieme, E., & Warwas, J. (2011). Konzepte der individuellen Förderung. *Zeitschrift für Pädagogik, 57*(6), 805–818. https://nbn-resolving.org/urn:Nbn:De:0111-opus-87822.

KMK. (2018). *Demokratie als Ziel, Gegenstand und Praxis historischpolitischer Bildung und Erziehung in der Schule*. Beschluss der Kultusministerkonferenz vom 06.03.2009 i. d. F. vom 11.10.2018. https://www.kmk.org/fileadmin/Dateien/pdf/PresseUndAktuelles/2018/Beschluss_Demokratieerziehung.pdf.

Köller, O. (2009). Bildungsstandards in Deutschland: Implikationen für die Qualitätssicherung und Unterrichtsqualität. In M. A. Meyer, M. Prenzel, & S. Hellekamps (Hrsg.), *Perspektiven der Didaktik: Zeitschrift für Erziehungswissenschaft* (S. 47–59). VS Verlag. https://doi.org/10.1007/978-3-531-91775-7_4.

Kray, J. (2019). *Entwicklungspsychologie: Ein Überblick für Psychologiestudierende und -interessierte*. Springer. https://doi.org/10.1007/978-3-662-57761-5.

Krohne, H. W. (1986). Coping with stress: Dispositions, strategies, and the problem of measurement. In M. H. Appley & R. Trumbull (Hrsg.), *Dynamics of stress: Physiological, psychological, and social perspectives. The Plenum series on stress and coping.* (S. 207–232). Plenum. https://doi.org/10.1007/978-1-4684-5122-1_11.

Kuhl, J. (2000). The volitional basis of Personality Systems Interaction Theory: Applications in learning and treatment contexts. *International Journal of Educational Research, 33*, 665–703. https://doi.org/10.1016/S0883-0355(00)00045-8.

Kuhl, J. (2001). *Motivation und Persönlichkeit – Interaktionen psychischer Systeme*. Hogrefe.

Kuhn, T. S. (1962). *The structure of scientific revolutions*. University of Chicago Press. https://www.lri.fr/~mbl/Stanford/CS477/papers/Kuhn-SSR-2ndEd.pdf.

Kunter, M., & Trautwein, U. (2013). *Psychologie des Unterrichts*. UTB. https://doi.org/10.36198/9783838538952.
Landwehr, N. (2015). Prozesse im pädagogischen Qualitätsmanagement. In F. Berlehner & K. Wilbers (Hrsg.), *Schulisches Prozessmanagement. Einführung, Praxisreflexion, Perspektiven* (S. 226-248). epubli. https://doi.org/10.25593/978-3-7375-6022-1.
Landwehr, N., & Steiner, P. (2007). *Q2E – Qualität durch Evaluation und Entwicklung. Konzepte, Verfahren und Instrumente zum Aufbau eines Qualitätsmanagements an Schulen* (2. Aufl.). hep.
Lippmann, E. D. (2013). *Intervision. Kollegiales Coaching professionell gestalten* (3., überarb. Aufl.). Springer. https://doi.org/10.1007/978-3-642-30060-8.
Luyten, P., & Fonagy, P. (2015). The neurobiology of mentalizing. *Personality Disorders: Theory, Research, and Treatment, 6*(4), 366–379. https://doi.org/10.1037/per0000117.
Mandl, H., & Kopp, B. (2006). Lehren in der Weiterbildung aus pädagogisch-psychologischer Sicht. Sechs Leitprinzipien didaktischen Handelns. In E. Nuissl (Hrsg.), *Vom Lernen zum Lehren. Lern- und Lehrforschung für die Weiterbildung* (S. 117-128). Bertelsmann. https://www.researchgate.net/publication/252065629.
Martens, T. (2000). *Kognitive und affektive Bedingungen von Umwelthandeln*. dissertation.de. https://www.researchgate.net/publication/35254167.
Martens, T. (2012). Was ist aus dem Integrierten Handlungsmodell geworden? In W. Kempf & R. Langeheine (Hrsg.), *Item-Response-Modelle in der sozialwissenschaftlichen Forschung* (S. 210–229). Irena Regener. https://doi.org/10.25656/01:12327.
Martens, T., & Metzger, C. (2017). Different transitions towards learning at university: Exploring the heterogeneity of motivational processes. In E. Kyndt, V. Donche, K. Trigwell, & S. Lindblom-Ylänne (Hrsg.), *Higher education transitions: Theory and research. EARLI book series "new perspecitves on learning and instruction"* (Bd. 31-46). Routledge. https://doi.org/10.4324/9781315617367-4.
Martens, T., & Pistoll, D. (2023). *Fostering self-regulated learning with a learning diary: Success factors*. 20th Biennal EARLI Conference, Thessoloniki.
Metzger, C., Schulmeister, R., & Martens, T. (2012). Motivation und Lehrorganisation als Elemente von Lernkultur. *Zeitschrift für Hochschulentwicklung*. https://doi.org/10.3217/zfhe-7-03/05.
Molly, R., & Weinstein, C. S. (2023). *Elementary classroom management: Lessons from research and practice* (8. Aufl.). Mc Graw hill.
Moroni, S., Dumont, H., Trautwein, U., Niggli, A., & Baeriswyl, F. (2015). The need to distinguish between quantity and quality in research on parental involvement: The example of parental help with homework. *The Journal of Educational Research, 108*(5), 417–431. https://doi.org/10.1080/00220671.2014.901283.
Murtonen, M., Gruber, H., & Lehtinen, E. (2017). The return of behaviourist epistemology: A review of learning outcomes studies. *Educational Research Review, 22*, 114–128. https://doi.org/10.1016/j.edurev.2017.08.001.
Omer, H. (2016). *Wachsame Sorge: Wie Eltern ihren Kindern ein guter Anker sind* (2. Aufl.). Vandenhoeck & Ruprecht. https://doi.org/10.13109/9783666402517.
Osseo-Asare, E. A., & Longbottom, D. (2002). The need for education and training in the use of the EFQM model for quality management in UK higher education institutions. *Quality Assurance in Education, 10*(1), 26–36. https://doi.org/10.1108/09684880210416085.

Pinquart, M. (2016). Associations of parenting styles and dimensions with academic achievement in children and adolescents: A meta-analysis. *Educational Psychology Review, 28*(3), 475–493. https://doi.org/10.1007/s10648-015-9338-y.

Renkl, A., Mandl, H., & Gruber, H. (1996). Inert knowledge: Analyses and remedies. *Educational Psychologist, 31*(2), 115–121. https://doi.org/10.1207/s15326985ep3102_3.

Ryan, R. M., & Deci, E. L. (2000). Self-determination theory and the facilitation of intrinsic motivation, social development, and well-being. *American Psychologist, 55*(1), 68–78. https://doi.org/10.1037/0003-066X.55.1.68.

Ryan, R. M., & Vansteenkiste, M. (2023). Self-determination theory: Metatheory, methods, and meaning. In R. M. Ryan (Hrsg.), *The Oxford handbook of self-determination theory* (S. 3–30). Oxford University Press. https://doi.org/10.1093/oxfordhb/9780197600047.013.2.

Schroeder, N. L., Nesbit, J. C., Anguiano, C. J., & Adesope, O. O. (2018). Studying and constructing concept maps: A meta-analysis. *Educational Psychology Review, 30,* 431–455. https://doi.org/10.1007/s10648-017-9403-9.

Seidel, T., & Shavelson, R. J. (2007). Teaching effectiveness research in the past decade: The role of theory and research design in disentangling meta-analysis results. *Review of Educational Research, 77*(4), 454–499. https://doi.org/10.3102/0034654307310317.

Slemp, G. R., Field, J. G., & Cho, A. S. H. (2020). A meta-analysis of autonomous and controlled forms of teacher motivation. *Journal of Vocational Behavior, 121,* 103459. https://doi.org/10.1016/j.jvb.2020.103459.

Smetana, J. G. (2017). Current research on parenting styles, dimensions, and beliefs. *Current Opinion in Psychology, 15,* 19–25. https://doi.org/10.1016/j.copsyc.2017.02.012.

Strobach, T., & Wendt, M. (2019). *Allgemeine Psychologie: Ein Überblick für Psychologiestudierende und -interessierte*. Springer. https://doi.org/10.1007/978-3-662-57570-3.

Tränkmann, J., & Diedrich, M. (2023). Forschungs- und Evidenzorientierung in der Bildungspolitik und -administration. Good-Practice-Beispiel Hamburg. In K.-S. Besa, D. Demski, J. Gesang, & J.-H. Hinzke (Hrsg.), *Evidenz- und Forschungsorientierung in Lehrer*innenbildung, Schule, Bildungspolitik und -administration: Neue Befunde zu alten Problemen* (S. 325–348). Springer Fachmedien. https://doi.org/10.1007/978-3-658-38377-0_16.

Trautwein, U., Sliwka, A., & Dehmel, A. (2022). *Grundlagen für einen wirksamen Unterricht*. Institut für Bildungsanalysen Baden-Württemberg (IBWW). https://ibbw-bw.de/site/pbs-bw-km-root/get/documents_E552984303/KULTUS.Dachmandant/KULTUS/Dienststellen/ibbw/Empirische%20Bildungsforschung/Programme-und-Projekte/Wirksamer_Unterricht/IBBW_WU1_Trautwein_et_al%20%282022%29_GrundlagenWirksamerUnterricht.pdf.

Van Dijk, T. A., & Kintsch, W. (1983). *Strategies of discourse comprehension*. Academic. https://doi.org/10.2307/415483.

Van Merriënboer, J. J., Clark, R. E., & De Croock, M. B. (2002). Blueprints for complex learning: The 4C/ID-model. *Educational Technology Research and Development, 50*(2), 39–61. https://doi.org/10.1007/BF02504993.

Vygotsky, L. S. (1978). *Mind in society: Development of higher psychological processes. Harvard University Press.* https://doi.org/10.2307/j.ctvjf9vz4.

Wass, R., & Golding, C. (2014). Sharpening a tool for teaching: The zone of proximal development. *Teaching in Higher Education, 19*(6), 671–684. https://doi.org/10.1080/13562517.2014.901958.

Weick, K. E. (2009). Bildungsorganisationen als lose gekoppelte Systeme. In S. Koch & M. Schemmann (Hrsg.), *Neo-Institutionalismus in der Erziehungswissenschaft. Grundlegende Texte und empirische Studien (Organisation und Pädagogik, Bd. 6)* (S. 85–109). VS Verlag. https://doi.org/10.1007/978-3-531-91496-1_5.

Zemp, M., & Bodenmann, G. (2017). Die Bedeutung der Bindung für die psychische Entwicklung bei Kindern und Jugendlichen. *Akut – Informationsmagazin des Vereins für umfassende Suchttherapie, 31,* 12–17. https://www.researchgate.net/publication/320531419.

MIX
Papier aus verantwortungsvollen Quellen
Paper from responsible sources
FSC® C105338

If you have any concerns about our products,
you can contact us on
ProductSafety@springernature.com

In case Publisher is established outside the EU,
the EU authorized representative is:
Springer Nature Customer Service Center GmbH
Europaplatz 3, 69115 Heidelberg, Germany

Printed by Libri Plureos GmbH
in Hamburg, Germany